J'AI BEAUCOUP SOUFFERT DE NE PAS AVOIR EU DE MOBYLETTE

JACKIE BERROYER

J'AI BEAUCOUP SOUFFERT DE NE PAS AVOIR EU DE MOBYLETTE

COLLECTION
NOUVELLES

le cherche midi

23, rue du Cherche-Midi, 75006 Paris.

Vous pouvez consulter notre catalogue général et l'annonce
de nos prochaines parutions sur notre site Internet : cherche-midi.com

AVANT-PROPOS

Je peux mourir. Par ce livre, je suis cité dans le Grand Robert en six volumes, au verbe « gerber », dans son emploi argotique : « Il a gerbé dans la bagnole le petit sagouin. »

Je peux mourir, c'est par ce recueil de nouvelles que j'ai connu Maurice Pialat. Quelqu'un le lui avait donné à lire, il l'appréciait, voulait l'adapter et craignait que j'aille le fourguer à un autre cinéaste : « C'est pas Untel, ni Untel qui pourrait faire ça, ils n'ont pas la sensibilité. Ils gâcheraient tout. » Quelques-unes de ses têtes de Turc en prenaient pour leur grade. J'étais content et quand même surpris qu'il trouve ça si bien. C'était un peu le corbeau et le renard. J'étais meilleur que Flaubert. Qu'avait bien pu faire le pauvre Flaubert pour réussir à être moins bon que moi ? Pialat avait une réponse : il se regardait écrire. Finalement, ça ne s'est jamais fait. Mais il existe un très impressionnant film documentaire de Pialat, *L'amour existe*, sur la condition des petites gens et des miséreux. C'est précisément le cadre de *J'ai beaucoup souffert.* Je ne l'ai vu que récemment et il est inclus dans un coffret de DVD consacré à son œuvre. Bien qu'il ne les ait pas adaptées, je peux mourir car je sais que Maurice a sincèrement aimé ces histoires d'une certaine France des années soixante, que j'écrivais dans *Hara-Kiri* en 1976 et 1980. Il y avait à l'époque un courant américain appelé : nouveau journalisme, et en tête de liste le fameux Gonzo (Hunter Thomson) avec des reportages audacieux très fouillés où le bonhomme s'investissait totalement. L'équipe du mensuel *Actuel* s'en était inspirée et publiait des reportages de personnes vivant volontairement certaines expériences en infiltrant des mondes. J'y ai moi-même participé en me faisant enfermer dans un hôpital psychiatrique. Plus tard, je me suis servi de mes souvenirs pour ma collaboration à l'écriture du scénario du film de Laurence Ferreira Barbosa : *Les gens normaux n'ont rien d'exceptionnel.* C'est par allusion à ce « nouveau sensationnalisme » que Gébé, alors rédacteur en chef de *Hara-Kiri* (journal bête et méchant), avait écrit son billet de présentation que voici.

« "J'ai vécu dans la peau d'un zèbre", "j'ai pris le métro avec un billet d'avion", "j'ai passé un an dans une prison pygmée", peut-on faire mieux ? Berroyer a fait mieux. Bravant mille dangers, surmontant l'impossible, Berroyer est né en banlieue. Et que raconte-t-il ? Rien ! c'est la banlieue qui cause. Vingt-six tableaux hyperréalistes, hyperinventés. Un ton au-dessus de l'étude ethnologique, un ton au-dessous du drame, un demi-ton à côte de la comédie : Berroyer connaît la musique. »

Moi qui écrivais un peu par hasard, je me réjouissais de voir ces nouvelles publiées dans le journal, d'être plutôt bien payé et de couper à l'esclavage auquel j'étais promis.

J'échappais donc à ma condition en la peignant. Je n'en suis pas devenu le spécialiste qui en serait à son vingtième volume avec ce regard sans jugement porté sur l'atroce pittoresque des prolos qui se foutent sur la gueule. Et heureusement. Pour peu que je fasse fortune en peignant ce type d'infortune, je serais aujourd'hui sommé d'être heureux.

Résumons : cité dans le dictionnaire, fêté par le poète Gébé et admiré par le peintre Pialat ; je peux mourir, et cela pourrait être un de mes titres.

FLAUBERROYER

1

LES ROUVIER

C'est une drôle de famille, celle des Rouvier. Sont presque une dizaine, là-dedans. La mère, quand elle parle, on dirait qu'elle pleure. Faut dire qu'ils lui font pas de cadeaux, ses rejetons, depuis qu'elle les a pondus. Marcel, c'est l'aîné, trente balais, un casier bourré. Pas de gros coups, il a pas l'envergure, mais beaucoup de bricoles. Y se fait poirer à chaque fois. Entre deux peines, il répare des motos dans la cour. Les voisins portent le pet quand il joue trop avec les poignées des gaz. Les poulets se ramènent, justement la moto c'était de la fauche, ils la cherchaient. Voilà notre Marcel qui rebarre en panier. On le verra plus pendant deux mois... Il y va avec le sourire ; deux mois, c'est que dalle. Il le dit aux jeunes en rentrant. « Quand t'es tombé une fois pour cinq piges, mon pote, les deux marquets tu les fais sur un pied. Et même, tu les fais sur le gros pouce. » Pour les cinq piges, il force un peu le palmarès. En fait, il en avait pris trois. À la levée d'écrou, il est parti faire le berger dans la cambrousse. C'est le juge qui lui avait suggéré d'aller se refaire une santé là où il y a moins de tentations. Ça a duré deux ans. Au retour, il était tout bronzé. Il prétendait sortir de l'ombre, on faisait mine de gober.

Jean, c'est le numéro deux. Trois ans de moins, un grand sec. Il a fait sa croissance à tout berzingue. Trop faiblard de l'échine, il est devenu bosco. Il penche la tête, ça lui donne un air faux jeton, mais c'est la bonne pâte, il assure la tortore, c'est le seul qui gratte. Il dit qu'il est caissier. Si on le cuisine un peu, on apprend qu'il fabrique des caisses en bois dans une usine. Caissier, c'est pas du vent, c'est le terme, on le voit sur sa feuille de paie. Il la sort facile, sa feuille. Surtout aux « Lilas », quand il est poivré. Les Lilas, c'est le troquet. C'est un gosier, le grand Jeannot, il en prend plus d'un à la picole. Des fois, il faut le ramener avant que le tôlier appelle les bourres. Quand il est schlass, il sort sa queue dans le troquet. Pendant qu'on le traîne, il dit qu'il a des couilles et du pognon et qu'il doit rien à personne. Ça, c'est le samedi. La semaine, il se tient peinard. Il bosse de nuit. C'est mieux payé. L'été, en rentrant à la fraîche, il va au jardin, voir si ça pousse. Si jamais les clébards ont folâtré dans les semis, il pousse sa gueulante. Y a rien qui le fout plus en pétard. Tout le monde sort sur le perron. Il dit que c'est Titi qu'a détaché les chiens. Titi, c'est le plus jeune. Celui qu'est réputé pour balancer des caillasses dans les carreaux. Chaque fois qu'un carreau dégringole dans le quartier, c'est lui qui trinque, même si c'est le fils (adoptif bien sûr) du coiffeur qui a fait le coup. Il en a trop fait, le Titi. Il est bon pour morfler pour les autres jusqu'à son régiment. Le Jean veut lui claquer le beignet, mais le Robert s'interpose : « Si tu le touches, t'as mon poing dans la gueule ! »

Il a fait l'Algérie, le Robert, même les bat' d'Af. Faut pas le faire chier. Tous les dimanches, sur les fêtes de quartier, il en allonge deux ou trois. Les poulets ne savent plus comment le prendre. C'est un nerveux. Il a un passé. C'est pas un Rouvier, il est marié avec la Thérèse, l'aînée des frangines. Y a deux ans, il a failli la rectifier à l'hosto. C'était pour l'accouchement, elle venait de lui pondre un bronzé frisotté. Il a vu rouge. À coup de bouteille d'eau minérale, qu'il y a été. Elle s'en est sortie avec le tarin et des dents cassés. Lui, n'a pas plongé lourd. Grâce à son traumatisme d'Afrique du Nord et le passionnel, il a eu les circonstances.

Depuis, la Thérèse est clouée à la maison, il la laisse plus sortir. Elle aide la mère à éplucher les patates et faire la tambouille. Le loupiot en peau d'immigré, c'est une cousine qui l'élève. Elle vient le montrer à la Thérèse quand Robert passe trois ou quatre jours au ballon après une castagne sur un bal. En attendant, il est là. Ça calme le Jean qui en a les jetons et qui se contente de gueuler. Mais ça commence à se plaindre dans toutes les baraques. Le père Buchaillaud, qu'est agent cycliste à deux ans de la retraite, fait le sourd, mais la mère Goudard vient sonner à sa lourde. Faut qu'il fasse du rabe. Ça ne l'amuse pas. Il enfile son froc et se penche à la fenêtre. Les Rouvier ont déjà réintégré leurs piaules. Dans le fond, il doit être soulagé. La dernière fois qu'il a voulu faire l'arbitre, il s'en souvient. La nuit d'après, un « inconnu » lui a scié deux pêchers et arraché quarante pieds de tomates avec leurs tuteurs. Aujourd'hui, c'est la Rolande qui les a tous fait renquiller. Elle était pas sortie. Elle notait de la fenêtre du haut. Dès qu'elle a vu le manège de la mère Goudard, elle a donné l'alarme. C'est redevenu paisible.

La Rolande, en v'là encore une qui a sa personnalité. C'est une grande de trente-cinq piges, toujours mal fagotée et barrée pour le célibat à perpète. Pour se faire du blé, elle fait les commissions pour les mémères du quartier. Elle marche au pourliche. Le leitmotiv de la jeunesse, quand elle passe dans la rue avec son cabas, c'est : « Au cul la Rolande ». Et la Rolande de répondre : « Taaagueule, hé, con ! » Pour les oreilles des gens du quartier, c'est devenu aussi familier que le « peau d'lapin peau ! » du chiffortin qui passe toutes les semaines. Paraît qu'elle en a dépanné plus d'un pour la bricole, la Rolande. Parait que beaucoup lui doivent leurs débuts dans la jambe en l'air. Et même pas mal de ceux qui la chambrent au passage. Des ingrats, en fait. Et sa sœur, la Renée, on dit qu'elle a pris le relais et que ça turlute sec dans les buissons à la nuit tombée, les soirs d'été. Que ça ramone à fond de train. Et même avec des qui sont mariés et qui se donnent des airs. On dit pas les noms. Y a pas de preuves, mais c'est du sûr. Tout comme c'est sûr que si le père Rouvier a été fusillé par les Boches pendant l'Occupation, c'est parce qu'un certain M..., qu'est devenu marchand de vélos, lui avait glissé des tracts dans son vestiaire, à l'usine.

Y a pas que les Rouvier qui soient « une drôle de famille ». Y en a d'autres. Mais chez les Rouvier, c'est flagrant.

2

RUE DU CAPITAINE-CHARTON

En ce moment, on a pas intérêt à passer rue du Capitaine-Charton, ils nous attendent avec des gourdins.

C'est une belle bande de pourris, la bande de la rue du Capitaine-Charton. Pour nous piquer des gonzesses, y sont pas les derniers. Seulement, pas question de toucher aux leurs.

On est tricards dans leur rue rapport à l'histoire de cul entre Yvon Chopard et la gonzesse de Dédé Briffaut.

Dédé, c'est leur chef. Pourtant, c'est pas le plus balèze. Ça, c'est un truc qu'on pige pas. Chez eux, c'est pas le plus balèze le chef. Le plus balèze, c'est Lulu Prévoteau. T'y amènes trois lardus, y leur fait bouffer leurs kébours. C'est déjà arrivé. À une bagarre de troquet, le taulier avait donné un coup de grelot aux bourres. Y se sont amenés en car... Trois qui descendent... En deux minutes, il les a fait regrimper en bouclant les lourdes derrière eux. Pourtant, c'était des armoires. Pas croyable la force qu'il a. Un taureau. Malgré ça, c'est Dédé Briffaut qui lui donne des ordres. Y doit le tenir avec des trucs qu'on sait pas.

Dès qu'ils ont su pour la gonzesse, ça a commencé à chier. Pendant qu'on était au ciné, ils ont mis du sucre dans les réservoirs de nos motos. On peut rien faire, on a pas de preuves. Mais on est sûr.

À propos, au ciné, qu'est-ce qu'on s'est fendu la gueule ! Le film était con, pas une bagarre. Des discussions sans arrêt. On se faisait chier... V'là qu'il prend une envie de pisser à ce con de Chopard. La flemme d'aller aux cagoinces plus l'envie de déconner, il sort sa queue en restant sur son siège et commence à pisser. C'est pas de la moquette, le sol, c'est du béton. Il est vioc, comme cinoche. Son jet de pisse s'est mis à crépiter pendant un silence du film. Ça s'entendait comme un robico à fond dans un évier. On lui disait à voix basse : « Arrête, ça s'entend. » Mais y se marrait. Et plus y se marrait, moins il arrivait à se retenir. « Pince-toi le bout de la queue », qu'on lui disait. Du coup, il rigolait tout haut. Ça commençait à renifler dur. On était vers le dixième rang mais, comme le sol est en pente, la coulée de pisse est venue jusqu'à dépasser les ribouis de ceux du premier rang. Un vieux a gueulé : « Y en a qui pissent ! C'est de la pisse ! » Ça faisait vachement de remous dans la salle. Plus personne pour mater l'écran... L'ouvreuse s'est pointée avec sa lampe de poche. Le vieux lui a montré l'inondation. Elle a regrimpé l'allée aussi sec. « Rallumez la salle ! », qu'elle gueulait. Sûr qu'elle allait remonter aux sources avec le proprio. Fallait calter. On s'est tiré en se poilant comme des bossus. Dehors, on a enfourché les motos, mais balpeau pour démarrer. À cause du sucre, justement. On avait l'air con.

Les poulets, alertés, ont radiné. Ils ont pris nos noms. On peut s'attendre à être convoqués. Y aura des feuilles bleues dans nos boîtes à lettres avant la fin de la semaine. Ça va encore valser dans les foyers. Nos vieux vont s'arracher les cheveux.

En attendant, nous v'là en guerre avec la bande Charton.

Sans Lulu Prévoteau, sûr qu'on les prend. Mais lui, c'est le gros morceau. Chez nous, y a bien Nanard Balbinot, le boxeur. C'est un peu le chef. Quoiqu'on a pas vraiment de chef, on décide ensemble, mais faut reconnaître que devant Nanard, tout le monde s'écrase. Il y a bien lui, mais faut avouer qu'il ne fait pas le poids.

Si seulement Lulu Prévoteau pouvait tomber malade ! Il a un frangin polio. C'est pas à Lulu que ça serait arrivé. Il passe à travers tout. Un jour, il est tombé du premier étage dans le jardin de ses vieux. Les couilles sur un piquet de tomates. Il a fallu l'opérer. On se croyait peinards pendant un moment. Y donnait des ordres depuis l'hosto, l'enfoiré, et il y est resté à peine huit jours.

Une nuit, quelque temps après sa sortie, vers quatre plombes du mat', on s'est pointés rue du Capitaine-Charton avec un pinceau et un pot de barbouille. En grosses lettres, sur un mur, on a écrit : « Les couilles à Prévoteau sont restées à l'hosto. » Qu'est-ce qu'on avait pas fait là ! Deux de chez nous se sont fait choper le lendemain. Grosse tête et pneus crevés. La nuit d'après, sur la porte de chez Balbinot, à la peinture, ils ont écrit : « Nanard Balbinot se fait enculer dans les chiottes du marché. » Vert, qu'il était, le Nanard ! Son vieux a porté plainte contre X.

Traînée de poudre dans le quartier. Partout, ça jaspinait sur les miches à Nanard. Même à son club de boxe, on le chambrait. À l'entraînement, ses adversaires travaillaient l'esquive en essayant de lui toucher le cul avec les gros gants. Ça le foutait en rogne, il moulinait dans tous les sens, perdait son calme, boxait plus dans les règles de l'art. Son entraîneur l'engueulait : « Tu feras pas deux rounds au championnat, si tu t'énerves comme ça. » Il en a quand même fait trois. On a été le voir. C'est lui qui faisait le premier combat. Contre un Allemand. Toute la bande était là. On l'encourageait. « Vas-y, Nanard, ton gauche ! » Du gauche, il a étendu le Boche. On lui a fait une ovation pendant que l'arbitre comptait. « Na-nard !!! Na-nard !!! » Il s'est tourné vers nous en levant les gants en signe de victoire. Mais l'autre s'est relevé. En se retournant, Nanard s'est fait cueillir sous le menton. V'lan ! Au tapis ! L'arbitre a compté dix. Il était K.O. Quelle crise de rire ! Pauvre Nanard... Ça et les inscriptions sur son mur, ça faisait de l'anecdote sur son compte. Il a eu le moral en bas pendant près d'un mois. On osait plus déconner devant lui, il prenait tout mal. La moindre allusion, et on risquait un marron sur la gueule.

C'est au moment des élections qu'il s'est rebecté. Qu'il a regagné ses galons. Les mecs de Charton, payés par un parti, collaient des affiches. Ils devaient recouvrir celles des cocos. En décoller, même... Des fois, y avait du rif, quand les colleurs se rencontraient. Nanard collait avec son père. Son père est communiste. Au début, c'était mal vu dans le quartier. Lorsqu'on était plus petits, à l'école, le bruit courait déjà : « Y paraît que son père est communiste. » On ne savait pas ce que c'était, mais on sentait que c'était comme une maladie. S'il n'avait pas, déjà à l'époque, été plus costaud que nous, on lui aurait filé volontiers quelques coups de savate pour lui apprendre à mieux choisir ses parents. Il aurait plus manqué que sa mère soit putain et sa sœur fille mère... Et même, histoire de pimenter, mère d'un mignard en peau de boudin. Ç'aurait vraiment été trop. On l'aurait exécuté !

Un soir, avec son père et deux autres cocos, ils sont tombés sur quatre de la bande « Capitaine-Charton » qui recouvraient leurs affiches. Ça a chié. Paraît que Nanard en a pris un pour cogner sur l'autre. Il en a même coiffé un d'un seau de colle. Depuis le temps qu'il gardait en lui l'histoire des graffitis, il avait la dose de haine suffisante pour avoir la frite au combat. Ils n'ont pas fait un pli. Son père et les autres n'ont pas eu le temps de broncher. Il s'est farci le boulot tout seul. Ça s'est su, forcément.

Il avait meilleure mine les jours suivants, claques dans le dos et sifflotements. C'est mieux pour nous, comme chef. S'il en faut un, autant qu'il soit pas triste. N'empêche qu'on est en guerre avec la bande Charton. C'est pas des marrants, ceux de Charton, on est pas près de fusionner. Ils sont encore empêtrés dans des tas d'actions qu'on a laissées tomber. Ils font la chasse aux tantes dans les tasses. Nous, on est devenus libéraux. D'ailleurs, ça rapporte rien. Jamais plus de cinq sacs dans les larfeuilles. Ils se méfient des loubards comme de la peste, les viceloques de cagoinces. Ils opèrent sans biscuit.

Ils cherchent des noises aux crouilles dans les trocsons. Nous, on a décroché. Ça fait le jeu des poulets. On veut pas. Surtout pas. Ils forcent la main aux gonzesses pour tirer des crampes. C'est pas glorieux. D'ailleurs, deux de chez eux sont tombés pour viol. Cinq piges. Cinq ans à se branler, ça fait cher du coup de pinceau. Depuis, si on a une tentation, on rengaine nos stylos à yaourt. On aime trop le grand air.

Maintenant, on séduit. On joue à Charlot. Rien de tel que les clowneries pour les tomber. Faut pas être triste. Un soir, à la Maison des jeunes, on a emprunté le stock de costards des majorettes. Galures, jupettes, vestes à épaulettes... Fringués *grosso modo*, on a défilé en moto dans la rue principale, on passait de la musique militaire sur un appareil à cassettes. Au ralenti, qu'on circulait. Fallait voir les gens comme y se marraient ! On demandait aux gonzesses de grimper sur nos selles. Elles montaient en rigolant. Ceux qui n'ont pas jambonné le soir même ont pris des rencarts. On est sur la bonne voie. Quand les « Charton » nous chourent des grosses, c'est au forcing. Quand Chopard a tringlé la gonzesse à Dédé Briffaut, elle était d'accord. Il l'a eue au charme. C'est d'ailleurs ce qui les fait chier. Elle est retournée dans leur camp par force. Elle y reste par trouille. Mais Chopard reçoit des bafouilles où elle dit qu'elle en pince.

On sait plus où les foutre, les gigoinces. Avec tout le temps qu'on passe à tringler, on a même plus le temps de se battre.

N'empêche qu'on est en froid avec la bande de la rue du Capitaine-Charton.

Si ça se termine en bataille rangée, je vous raconterai.

Si on les affronte en tutu, habillés en petits rats avec des casquettes de facteur, je vous montrerai des photos.

Vive la zone.

3

PIN ! PON PIN !

Camille, le gérant du troquet, cumule deux boulots. Le zinc et l'ambulance.

Le bistrot est au nom de sa femme. Lui, il est censé rien foutre dans la limonade. Il sert du gorgeon au noir. Comme ça, ils s'en sortent. Il le dit lui-même : « Sinon, avec toutes les charges... »

Maintenant, coup de feu ou pas, affluence de l'apéro ou jour de marché, si le téléphone sonne, il lâche le torchon et enfile sa blouse blanche. L'ambulance est devant la porte. Pin ! Pon Pin !

Faire les malades, c'est du beurre. Mais les accidents... Il est relié à l'hosto. Y a des jours, comme ça, on a l'impression que des chauffards se sont donné le mot. Ça se carambole dans tous les coins. L'hosto et les pompelards sont un peu courts en voitures. On l'appelle. En enfilant sa blouse, il dit : « Accident. » Et il fonce. Parfois, ça démarre tôt. Entre six et sept heures. Juste quand ils viennent d'ouvrir. C'est le coup de feu des turbins. Blancs, rouges, cafés, calvas. Un moment faste pour le commerce. Tant pis ! Pin ! Pon Pin !

Irène se retrouve seule face à la meute. Dans le jus. Le temps des soiffards du matin est minuté. Ils ont rencart avec la pointeuse. Ça s'impatiente. La monnaie entre le pouce et l'index. Tac ! Tac ! Tac ! Sur le zinc. « J'arrive, j'arrive », qu'elle dit. Comme ils boivent des trucs pas avouables vu l'heure, un vieux fond de culpabilité empêche certains d'annoncer la couleur tout haut. Ça lui fait perdre du temps, à la pauvre Irène. Elle fait trop d'allées et venues derrière le comptoir. Des fois, elle craque :

– Vous auriez pu me le dire pendant que j'étais à l'autre bout, j'avais le litre à la main !

Elle s'en fout, de leur conscience. On lui demande :

– Et Camille, y roupille encore ?

– Non, non, il a eu un « accident » juste à l'ouverture. Ça m'arrange pas !... J'arrive, j'arrive !

– Ah, bon ! Je croyais qu'y faisait plus les accidents.

– Si, si, y les refait. On le lui a demandé, à l'hôpital. Y s'en sortent plus. Oh, si c'était que lui, il le ferait que le dimanche ! Moi, j'aimerais autant... Trois trente ! C'est ça, merci, à ce soir !

Quand Camille rentre, elle lui fait : « Alors ? » En raccrochant sa blouse, il dit :

– C'était pas beau à voir.

Ça veut dire qu'il y a des morts.

– Des jeunes ?

– Évidemment, ça roule comme des dingues !

Ça confère tout de même des avantages, l'ambulance. Et ça permet de bien rigoler. Son coup favori, à Camille, c'est d'aller au tabac avec. Un client veut des cigarettes ? Il veut des blondes ? Il n'y a plus de blondes ? Il fait grimper le client dans la bagnole, lui demande de s'allonger sur la civière, ferme les portes et Pin ! Pon Pin ! À fond la caisse. Même aux heures de grand trafic. Priorité ! En trois minutes, il est au tabac de l'avenue Gambetta. Le tabac connaît le coup. Complice. « C'est pour un malade ? Je vous sers tout de suite. » Cartouche, monnaie, Pin ! Pon Pin ! Retour au même rythme avec l'aide des agents. Stop tout le monde ! En passant au carrefour, Camille, à son volant, prend la fiole de circonstance. Rictus adéquat et plis au front. Le flic vibre, solidaire. Plaisir du métier. Ils sont des hommes de la même trempe. Ils font le bien. Il en va de vies humaines. Pas d'angoisses existentielles pour eux. Motivés, qu'ils sont. Pas descendus pour rien. Sauf que Camille se boyaute sous cape. C'est ça, les joies du métier. Quand c'est pas vrai ! Uniquement ! Sinon, c'est l'usine. Il ne s'est jamais senti d'affinités avec les bourres de carrefour. Avec aucun bourre, d'ailleurs.

Les clients qui ont eu, un jour, droit à la virée au tabac en gardent un souvenir impérissable. Ça les rend plus assidus à fréquenter le troquet. Le tôlier prend valeur de copain. Déjà qu'il jouit du prestige de traîne-moribonds ! On lui demande des conseils, comme à un toubib. C'est pas un bistrot ordinaire. Les clients viennent pour lui. Fiers d'être tutoyés par lui. Comme les V.R.P. par les serveuses de bar américain.

Autre chose. C'est un sacré viveur. Il y traîne, justement, dans les bars. C'est là qu'il a ses vrais potes et les joies de l'existence. Irène n'est pas au parfum des traîneries. Une fois de plus, le métier lui sert. Quand on l'appelle pour un accident, il arrive que ça vienne du « Black Boy ». C'est goupillé avec Varin, son pote l'assureur, son acolyte de beuveries.

Le « Black Boy », c'est un bar avec entraîneuses qui était beaucoup fréquenté pendant l'Occupation par les troufions américains. Surtout les Noirs. De là le nom. Aujourd'hui, la patronne a vieilli. Elle est toujours là, mais ce n'est plus pour elle que viennent les clients. Elle s'est vachement ramollie et elle a épaissi. Les années de java lui ont ravagé le portrait. Elle a un côté vieux clebs dans la bobine. Le plâtre n'y fait rien. Maquillez un cador, à quelques zoophiles près, personne triquera pour. Mais elle s'accroche. Elle veut pas se ranger. Et puis, il y a la caisse. Du coup, elle fait un transfert avec ses jeunes employées. Dès qu'une des serveuses dépasse l'allumage, dès qu'elle bande pour un client, elle use de son veto. Elle démolit le soupirant s'il est pas à son goût. Elle s'envoie en l'air par vagin interposé, mais c'est toujours elle qui choisit. Mireille et Odile, les deux serveuses, une brune et une blonde évidemment, respectent ses caprices. C'est une bonne taule. Y a des clients aux as. Ça craque du blé. Y a pas de meilleure gâche dans la ville. C'est le rencart des notables, amoraux dans l'ombre.

La tôlière sélectionne à l'entrée. Pas de manut, pas de jeunots, pas de mélange. Et surtout pas de nègres. C'est pourtant eux qui ont fait les beaux jours de sa crémerie. Seulement, ils avaient des biftons, ceux de l'époque. Les Africains, c'est du client pour troquet à flipper. Rien à en tirer. Trois plombes sur une bière. Un fils de chef, à la rigueur... Subventionné. Non, elle doit trier. D'ailleurs, elle a fait une devanture adéquate. C'est à peine si l'on voit que c'est un bar. Grosse lourde en bois et carreaux de verre teintés et trapus. On a l'adresse ou rien. On ne passe pas par hasard.

Camille, c'est pas vraiment une huile, mais son pote Varin, lui, oui. Il partouze chez le notaire. Faut être du gratin pour accéder à ce genre de fantaisies. Camille, c'est au « Black Boy » qu'il vit vraiment. Tout le fric qu'il déclare pas à Irène, il le claque là. Faut dire qu'en plus d'être ripailleur, il en pince pour Odile, la blonde. Il vit que pour elle. Avec Irène, c'est râpé. Routine conjugale. En plus, elle peut pas avoir de gosse. Une fois le troquet fermé, ils savent plus quoi se dire. C'est pas des intellectuels, les bouquins ça les fait chier. Quand elle a voulu acheter la télé couleurs, il a pas dit non. Aubaine. Le matin, à l'ouverture, elle lui raconte l'émission. Lui, il improvise sur son « urgence » qui l'a ramené à trois plombes. Plus c'est pas vrai, plus il fade en détails atroces. Comme ça, au lieu de l'engueuler, elle le plaint. Heureusement qu'elle lit pas les journaux. Elle verrait l'absence du fait divers. Heureusement qu'elle a pas d'intuition. C'est jamais des gens de la région, ces soirs-là, les estropiés. On lui donne jamais de nouvelles, les jours d'après. Sauf lui. C'est tassé. Tout vient de passer comme une lettre, mais faut qu'il cimente ses alibis. Dès qu'un repassé de la route est dans le canard, « décédé à l'hôpital des suites de ses blessures... », il dit :

– Tiens, c'est mon client de l'autre soir.

– Quand ça ?

– Bah, tu sais bien...

Et il redéballe les détails bidons. Vaguement agacé, même :

– Ah, t'écoutes bien ce que je te dis, à part ça !

– Je ne peux pas me souvenir de tous tes accidents, t'es marrant !

C'est vrai, il en invente tellement... Un coup, en fin d'après-midi, ça sonne. C'est une urgence. Varin. Blouse, bise, Pin ! Pon Pin !

Il arrive au « Black Boy ». Personne rigole, y a eu du rif. Des maquereaux sont venus pour Mireille, ils lui reprochaient de tapiner à son compte, la nuit, dans des coins à eux réservés. On voit pas comment elle ferait puisqu'elle gratte au « Black », mais ils étaient sûrs. Elle a pris deux mandales et Odile s'est interposée. Résultat : elle est dans le coma sur une banquette, les oiseaux se sont envolés, la taulière leur a dit : « Voyous ! », ils lui ont dit : « Grosse truie ! » Le grossiste en poiscaille, qui parle de son Indo à longueur de soirée en picolant du champerlot, n'a pas bronché. Il transpirait de trouille. Varin vient d'arriver. Il a appelé l'ambulance. Il est vachement empressé, Camille. Rappelez-vous qu'il vibre pour Odile. « Laissez-moi faire, dit-il, ne la touchez pas. » Il va chercher sa civière. Il porte Odile comme on fait quand on sait. Pin ! Pon Pin !

Varin est monté derrière. Mireille aussi. Odile gigote un peu. Elle a pris un coup sur le caisson. Un coup de cruche à flotte. Pendant le voyage, elle délire. Elle dit plein de gros mots. Elle dit : « Enculé ! Enculé ! » Ça fait drôle, dans sa bouche. Elle est jamais grossière au zinc. Une fraîcheur. Elle dit aussi : « Maman, maman, le râteau ! Le râteau ! Les cerises ! Le caca ! » Elle doit déconner en flash-back du côté de l'enfance. Elle continue : « Camille, sa verrue... Oui, madame Lucas, dégobiller ! On va dégobiller, madame Lucas ! » Elle gueule comme une perdue sur la civière. Ça fout un sacré malaise. Figurez-vous que le Camille, depuis une bonne dizaine d'années, il se traîne une excroissance sur le front, à un centimètre au-dessus du sourcil droit. C'est gros comme une noisette. Ça lui a poussé comme ça, on sait pas pourquoi. Au début, il a voulu se la faire enlever, mais le toubib a dit que ça pourrait faire des complications. Ça peut être cancéreux. Il s'y est habitué. Mme Lucas, c'est la patronne du « Black ». Voilà ce qui se passe. Elle sait que Camille en pince pour Odile. Elle a compris qu'Odile n'y était pas indifférente. Mais Camille ne lui plaît pas, à elle, Mme Lucas. Pour décourager Odile, elle a trouvé le truc de l'excroissance. Quand elles parlent entre elles des clients, de leur charme, la vieille fait son travail de sape. Elle a réussi, aux yeux d'Odile, à rendre Camille débectant. Camille ne sait rien de la vieille, mais, tout de même, il a pigé que son anomalie portait la blonde à gerber. Nous v'là bien ! C'est la consternation dans l'ambulance. Une gêne...

À l'hosto, ils font les formalités sans moufter. On va s'occuper d'elle. Faut qu'ils partent. Camille raccompagne les autres jusqu'au « Black » mais n'entre pas. Il fout le camp. Il va dans le premier café et commence à picoler. L'antidote classique.

Très vite, le v'là rond. Il fait chier tout le monde. Il agrafe les clients. Se paye leur fiole. Au barman, il dit : « T'as vu ton tarin ? Mais c'est une pomme de terre ! Une betterave ! » Il se fait virer. Bien bourré, il semble joyeux. Pire ! Y se marre tout ce qu'il peut. Le fou rire. Le voilà renquillant dans un tabac. Il veut des cigarettes.

– Lesquelles ?

– Ça vous regarde ? Oh, mais vous avez un orgelet, vous ! Vous avez drôlement l'air con, avec votre orgelet !

Il pointe son index sur la buraliste. Il va presque jusqu'à lui toucher les nichons. Déjà qu'elle est antipathique comme une buraliste, cette buraliste... Là, ça déborde. Elle appelle au secours. Des clients le poussent vers la lourde. « Vieille salope ! », qu'y dit, « tu pues ! Vous sentez pas qu'elle pue, la vieille morue ? » Décidément, il se tient mal.

Un autre bistrot. Il y a des vieux qui jouent aux cartes. Il tourne autour. S'adresse à un pépère : « Tu triches, toi, vieux chausson ! T'as des cartes dans ta casquette ! » Il lui retire sa casquette, prend des cartes sur le tapis, les met dans la casquette et verse un verre de pinard dessus. Les vieux sont paralysés. Il retourne le tout un grand coup sur la table. « Belote ! Vous êtes tous des tricheurs. Vous serez fusillés demain matin ! » Et il rigole. Et il pleure, maintenant. Il se tire à toutes jambes, renverse une vieille. Pendant qu'elle essaie de se relever, il fait demi-tour, sort sa queue et commence à lui pisser dessus. Un mec essaie de l'attraper, il le fout en l'air et cavale vers son ambulance. Pin ! Pon Pin ! Il zigzague. Pin ! Pon Pin ! Pin ! Pon ! Blang ! Il a emplafonné une tire. Il sort et met les bouts en traînant la patte. Il arrive à pénétrer dans un grand magasin. Les gens le regardent passer, pétrifiés. Sa blouse blanche bien crade est ouverte. Il n'a même pas remballé sa queue. Il cavale avec une main sur le front. « Ne regardez pas, vous allez dégobiller ! Ne regardez pas ! » Il est au rayon bricolage. Il chope une paire de tenailles et, l'écartant à deux mains, la porte à son front et la referme sur le bout de chair. Il pousse un grand gueulement, s'écroule sanguinolent et dégueule partout.

Irène sert ses petits calvas. Elle parle avec un client :

– Je suis allée le voir encore lundi. Il ne me reconnaît même pas. Il m'appelle Odile. Il mange bien. Le docteur dit que ça peut durer deux mois comme ça peut durer des années. Il a eu un choc dans l'accident... J'arrive, j'arrive !... Trois trente.

4

GARE AUX JUMEAUX !

C'est dimanche. Ça vient de siffler sous les fenêtres de chez Gaudron. Les frères Mangin. Les jumeaux. Ça ne plaît pas au père Gaudron.

– Tu diras à tes copains qu'il y a une sonnette ! Qu'est-ce que c'est que ces manières ? D'ailleurs, tu sortiras quand t'auras fini de manger.

– J'ai pus faim.

– T'as pus faim... Suffit qu'on te siffle pour que t'aies pus faim. Tu ne sortiras pas tant que t'auras pas fini ce qu'il y a dans ton assiette.

– Le force pas, Henri, s'il a plus faim, ça va le rendre malade.

– T'en fais pas, pour aller traîner, il n'est pas malade.

Ça resiffle.

– Va leur dire d'arrêter, sinon c'est moi qui vais descendre !

Le fils descend.

– Vous êtes cons, de siffler comme ça ! Je me fais engueuler par mon vieux. Attendez-moi au coin, faut que j'essaie de demander du fric à ma mère.

– Grouille-toi, merde ! Faut toujours qu'on t'attende.

Sa mère est dans la cuisine. Il en profite pour lui demander des ronds. Elle lui en donne un peu. Il en veut plus. Elle peut pas plus. Elle le lui dit à voix basse. Le vieux entend.

– Qu'est-ce que vous maquillez ? J'espère que t'es pas en train de lui donner du fric. Faudrait peut-être qu'il trouve du boulot avant de réclamer. Déjà qu'on le nourrit !

Il le voit sortir.

– Il sort comme ça ? Débraillé !

– Mais c'est comme ça, Henri, maintenant.

– Et tu crois que c'est beau ?

Il est déjà dehors. Avec les Mangin. Parti pour un dimanche.

Les jumeaux n'ont pas de problèmes avec leur père. Il est à l'ombre. Pour du cuivre. Il a pris cinq ans. Ferrailleur, qu'il est. C'est pas un métier sans risques. Énormément de tentations. Les fils ont seize ans. La mère continue de faire tourner la boîte. On lui amène des charrettes de saloperies, elle trie, pèse, fait une facture quand elle connaît pas le client, et vivote comme ça avec les deux sosies et la petite dernière. C'est pas rien, les jumeaux. Ils viennent de quitter l'école. Les instits les regretteront pas. Ils en ont vu des vertes. Le feu dans les casiers. Les caillasses dans les carreaux. L'eau de Javel dans les encriers. Les crapauds dans le chiffon à effacer le tableau. Pourquoi croyez-vous que l'institutrice du cours moyen a fait une dépression nerveuse ? Les parents d'élèves ont parlé de chagrin d'amour. Elle courait, paraît-il. Ingrate naïveté.

Jusqu'à des rats qu'ils ont lâchés dans la classe. Le matin, ils roupillaient en chœur, la tête appuyée sur les avant-bras. Sans se gêner. « On s'est couchés tard », qu'ils disaient. Un jour, un instit a envoyé un mot aux parents. Il signalait que les enfants devaient se coucher plus tôt. « Vous direz à votre maître que s'il est pas content, je vais monter y foutre mon poing dans la gueule », a dit le père. « On dirait pas qu'on est en République », qu'il a ajouté. Les jumeaux ont fait la commission. Dans son discours de fin d'année, le directeur de l'école a souhaité bon vent à tous ceux qu'on reverrait pas à la rentrée. « À vous aussi, Daniel et Patrick Mangin, je vous souhaite, malgré vos têtes dures, de réussir dans la vie. » En disant ça, il avait un échafaud dans les prunelles.

Avec le fils Gaudron, ils prennent l'autobus. Ils vont à une surprise-partie chez quelqu'un dont les parents sont partis en vacances. C'est Titi Dufresnois qui leur a filé l'adresse. Il y sera. « Paraît que ça va être snob », dit Patrick. Pour eux, « snob », c'est « bien habillé », fils de bourgeois. Ils sentent la barrière. Pas les mêmes manières. On se mélange pas. Ils y vont quand même. Pour se rincer la dalle et voir ce qu'il y a comme gonzesses. C'est rare, aussi, qu'on les invite. Ils y vont en explorateurs. C'est là, au 23. Une maison individuelle. On entend la musique. Ils sonnent. Une grosse gamine hilare ouvre la porte. Elle la referme aussitôt. Comme dirait le sociologue : à ce moment, ils ressentent durement leur condition. Ils sont habitués. Ils resonnent. Cette fois, c'est de la fenêtre du haut qu'on leur répond. Qu'est-ce qu'ils veulent ? Ils parlent de Titi. Il doit être là. Il est au courant. Qu'on aille le chercher.

Au bout d'un moment, Titi apparaît. « Bougez pas, je descends vous ouvrir. » C'est un appartement cossu. Meublé cher, mais de mauvais goût. Genre épicemard en expansion. Ou charcutière qui touche plus au boudin. À la caisse, uniquement. Et en corsage, s'il vous plaît. La blouse au rencart. Les salsifis manucurés. Sans rougeurs, mais bien crochus. Rombière promotionnée avec bagouses à l'appui. Le thé chez la pharmacienne. Quasiment intégrée au gratin. Encore quelques tonnes de côtelettes et on rajoute deux mètres de vitrine. Le gros peut briguer un fauteuil au conseil municipal. C'est dans la logique. Ils entrent dans la famille. Mais les racines sont là. On les prend juste pour le pécule. Pour aider à armer les défenseurs du pactole général. Ils auront beau mettre le petit doigt en l'air, la gent racée rira sous cape. Resteront bâtards. Pour l'instant, ils sont à La Baule.

Donc, ils entrent, nos malappris. Y a de la fumée comme dans un bouge. On a poussé la table. La sono marche à pleins tubes. Ça danse. Leur arrivée éveille la curiosité, mais ils sont vite ignorés. Titi les rencarde sur les victuailles et leur demande de ne pas faire les cons. Il est déjà branché sur une minette. Il y a un buffet froid à la cuisine, avec un tonnelet de rouquin. C'est là qu'ils se retrouvent entre eux. À se faire des tartines et écluser des godets. Le plus possible et à toutes pompes, à la recherche du naturel. Pour se décoincer. Une fille plutôt jolie, transpirante et échevelée, au sortir d'un rock endiablé, vient remplir deux verres. Mangin lui donne un coup de main. Il tourne le robinet du tonneau. Il lui demande si ça va, remarque qu'elle a chaud. Vous croyez qu'elle répondrait ? Elle file avec ses deux godets, sans remerciements. « À tous les coups, y a que des connasses comme ça, dans c'te taule », dit l'un des jumeaux. « On est encore bons pour se branler ce soir », dit l'autre. Il leur en faut pas plus pour se bidonner. Ce sont de bonnes natures. Au bout d'une demi-heure de cuisine, ils ont le rouge aux joues. Le tonneau a pris une sérieuse claque. Ils sont mûrs pour aller inviter. Décomplexés. C'est le slow. Ça flirtaille en dansant. Des patins records qui durent les trois minutes et quelques du tube. Des patins au poulet. Des patins au beaujolpif. Des patins au pâté.

Des gamines, y en a. Plus que des jules, même. Celles qui dansent tricotent de la menteuse. On l'a déjà dit. D'autres, difficiles ou « pas choisies », s'étalent sur le divan ou la moquette en lorgnant les couples, l'air de rien. Y en a même une, clope au bec comme une grande, qui feuillette une revue comme si tout ça ne l'intéressait pas. C'est celle-là qu'un des Mangin décide d'inviter. Elle le regarde d'un air de se demander s'il a bien conscience de ce qu'il entreprend. Trois secondes plus tard, elle replonge dans son bouquin. Il rejoint ses potes en allumant une tige pour donner un genre à ses bras qu'étaient restés tout cons. Son frangin, en le voyant arriver, tape de la paume de la main gauche sur son poing droit à l'endroit où le pouce s'enroule autour de l'index replié. Ce qui veut dire, comme chacun sait, « Tu l'as dans le cul ! ». « Vas-y, toi, malin », dit le premier. « Tu sais bien que c'est pas la peine, on a la même gueule. » C'est donc à Gaudron de tenter sa chance. Mais il n'y tient pas. Pas envie de danser, qu'il prétend. Y se sent pas en jambes. Les autres le poussent. « Dis plutôt que tu te déballonnes ! » C'est l'argument clef. Il y va. Cette fois, l'invitation amène la fille à remballer son bouquin, sa clope et son cendrier pour se replier vers un autre coin de la pièce. Gaudron rejoint les jumeaux hilares avec le mauvais masque. « Vous êtes marrants, si elle a pas envie de danser… Moi, je la comprends. » Un frangin lui répond en l'invitant à se retourner d'un signe du menton. « Et là, tu la comprends ? » La nénette se lève pour s'accrocher au cou d'un grand rouquin qui vient de l'inviter. « Ah ! l'enculée ! », dit Gaudron, ce qui veut dire : « Elle exagère. »

Du coup, ils retournent tous les trois à la cuisine pour s'en jeter un.

Le tonnelet ne pisse plus qu'un tout petit filet. Même quand on le penche. Ils se rabattent sur une bouteille d'apéro qu'ils trouvent dans le frigo. Boivent au goulot. « On aura pas tout perdu. » Et ils retournent dans l'enfer du flirt. À plusieurs reprises, ils refont des tentatives. Nibe de nibe ! Ils ont pas le genre. Surtout qu'en plus, on commence à remarquer qu'ils sont poivres. L'œil, l'haleine, le geste. Cette fois, on les ignore moins. Difficile, d'ailleurs, ils tiennent toute la route. Gaudron gambille avec un Mangin. Ils lancent les quilles en l'air. Les autres s'écartent pour pas prendre des coups de grolles. L'autre frangin est grimpé sur le divan. Il joue à rebondir. Il agite les bras au rythme de la musique. Il est comme en transe. D'un coup, il perd l'équilibre et vient s'affaler sur les omoplates d'un lascar qu'il projette vers le milieu de la piste.

Le « projeté en avant » ne trouve pas ça à son goût. Il se retourne vers Mangin et lui fonce dans le lard. Le Mangin, bien cuité, n'a plus tous ses réflexes. Il se ramasse un méchant coup de poing dans la gueule et descend au tapis. Gaudron vient à la rescousse. Il saute sur le mec. Les v'là qui roulent à terre. Le restant de l'assemblée fait le cercle. Les filles, bien dans la tradition, poussent des cris. En roulant dans tous les sens, les deux adversaires font valser l'électrophone. Du coup, ils ne se battent plus en musique. Dans le couloir, la grosse qui leur avait claqué la porte au nez est en train de téléphoner. Le Mangin du divan, qui s'est relevé, arrache le fil. C'est l'école des feuilletons de télé. La grosse prend deux tartes et crie au secours. Dans la salle, Gaudron a le dessous. Le deuxième frangin chope une chaise par le dossier et la lève au-dessus de sa tête en vue de la casser sur le dos de celui qui maîtrise Gaudron. Le rouquin séducteur retient la chaise de justesse. Deux autres maîtrisent le frangin. Les voilà prisonniers. Mais voici le Mangin bis qui redéboule de la cuisine, armé d'un grand surin à découper le gigot. Cris d'effroi des donzelles, suivis d'un silence pesant. Le jumeau a l'œil noir. Il s'adresse à ceux qui tiennent ses potes. « Vous avez intérêt à les lâcher, sinon je vous troue la panse ! » Il semble crédible. Mais le rouquin qui, décidément, nous surprendra toujours, s'avance, jambes et bras légèrement écartés, avec la lenteur calculée du héros de cinéma, vers le couteau pointé.

C'est là que Titi s'interpose. Il repousse le rouquin et se retourne vers l'autre. « Déconne pas, Patrick ! Tu sais où ça mène, les conneries. Donne le couteau ! – Qu'ils les lâchent d'abord ! » Du coup, c'est Titi qui fait le pont. Il demande aux autres de les lâcher. Les maîtriseurs, qui s'étaient resserrés derrière les deux rixeurs pour s'en faire des parapointes, finissent par lâcher prise. Mangin prime et Gaudron rejoignent Mangin bis, toujours armé. Ils reculent vers la sortie en toisant l'assemblée. « On se reverra, bande d'enculés », dit le Mangin libéré avec un hoquet d'ivrogne dans la voix. « Surtout toi, le rouquin de mes couilles. » Le rouquin le toise en ricanant. Le Mangin s'énerve. « Donne-moi le surin, que j'y troue la paillasse ! » Mais son frangin coupe court : « Laisse tomber, on se tire ! » L'autre, le regard vitreux mais mauvais, continue de fixer le rouquin, qui en fait autant. Ils vont à reculons jusqu'à la porte et détalent après l'avoir claquée un grand coup. Une fois dehors, avant de déguerpir, le Mangin armé balance le couteau vers la fenêtre du haut et pète un carreau. L'autre renverse une poubelle sur le capot d'une bagnole et Gaudron shoote dans un chat qui passait par là.

Ils n'ont rien de bon dans la peau.

5

TATAVE CRÉMIEUX

Il a le pot, Tatave Crémieux, les forains l'ont embauché. Faut le voir aider à monter les manèges, c'est le roi. N'empêche que, le premier jour, à vouloir y aller avec ses fringues normales, il est rentré chez lui tout dégueulasse. Ça a chié. Son vieux voulait pas qu'il y retourne. Je le connais bien, Tatave, s'il a pas mis de vieux froc, c'est parce qu'il y a des gonzesses qui regardent. Il a fait l'acrobate avec son fendard serré.

Pour l'acrobatie, il est balèze. À l'école, c'est le meilleur en gym... Enfin, quand il y va. Sur les arceaux du manège d'autos tamponneuses, là où l'on met la toile, à six mètres du sol, il marchait comme un fildeferiste. Il a vachement le sens de l'équilibre. Il aurait sa place au cirque, pour ce qu'il fout à l'école.

Y avait la Chantal Mayeux, avec Marie-Claude et Hélène Bazin, les deux frangines, toujours ensemble. Quand t'en vois une, tu vois l'autre. Marie-Claude, c'est la plus grande. Elle se fait souvent emballer. Mettons qu'il y en ait un qui emballe Marie-Claude. Par exemple, il lui roule des patins contre un arbre. Eh bien, l'autre ne la quitte pas d'un poil. Au mieux, elle reste à deux mètres, à tripoter le guidon de la mobylette. Tu parles d'un pot de colle. On se demande ce qui va se passer quand Marie-Claude va baiser. Pour l'instant, elle baise pas.

Bref, elles étaient là toutes les trois sous le manège quand Tatave faisait de l'équilibre. Il en rajoutait un maximum pour les épater.

Même que les bonshommes du manège lui disaient d'arrêter de faire le singe. Penses-tu, qu'il arrêtait ! Il s'est mis à vouloir faire le grand écart sur la barre. Crac !! le bénard. Ça n'a pas loupé. Fendu sur toute la couture. Elles sont parties en rigolant, les gonzesses. Tout le monde se poilait. En plus, on a vu qu'il avait un slip bleu. Ça fait honte, le slip bleu. Ça vient de la coopérative de son vieux.

En redescendant, Tatave avait l'air en pétard. Il s'est dirigé vers l'Ancien. L'Ancien, c'est Philippe Nouveau. Nouveau, c'est son nom de famille. Alors nous, pour déconner, on l'appelle l'Ancien. Il se marrait encore, l'Ancien, il avait le fou rire.

« T'es pas content, l'Ancien ? Tu t'es jamais fait péter la gueule ? » Là-dessus, il lui file un coup de tête dans le pif. Y s'marrait plus, l'Ancien. Il saignait. En sortant son mouchoir, v'là qu'il donne un grand coup de pompe en direction de Tatave qui l'évite de justesse. « Ah, tu veux y aller à la savate, fumier ! » V'là Tatave qui recule en défaisant sa ceinture. Ça va chier. Il commence à la faire tourner. Avant d'en prendre un coup, l'Ancien se baisse, ramasse une caillasse, vlan ! Dans la gueule. Drôlement amoché, le Tatave. Il a mal. Ça se voit. Il danse sur un pied en tournant sur lui-même et en secouant les mains comme quelqu'un qui a l'onglée. Je suis sûr qu'il pense déjà à comment qu'il va se venger quand ça va être dans ses moyens. On était plusieurs à regarder. V'là du monde qui rapplique. C'est l'attroupement. L'Ancien avait l'air emmerdé. Il a filé son mouchoir à Tatave puis il s'est tiré à fond de train. Maintenant, ça discute autour de Tatave. Faut l'emmener à l'hosto. Ils vont chercher une bagnole. Dix jours ont passé. Tatave sort de l'hosto aujourd'hui. Paraît qu'il a un œil crevé. C'est pas sûr. On l'a opéré. Faut attendre, ça peut se remettre.

L'Ancien est venu l'attendre à la sortie pour s'excuser. Tatave a un bandeau autour de la tête, façon blessé de guerre, son œil est caché.

L'Ancien lui tend la main. Ils ont chacun leurs parents. Savent pas quoi se dire. Tatave prend la main tendue, il tire un grand coup vers lui, et vlan ! Un genou dans les grelots. C'est reparti, l'Ancien se roule par terre. Tout le monde s'agite. C'est la panique. On emmène l'Ancien dans l'hosto. Tatave rentre chez lui.

Cinq jours ont passé. L'Ancien est toujours à l'hosto. On raconte qu'y pourra jamais faire de gosses. Tatave lui a pété une couille.

« Un œil, une couille, v'là le bilan... Pour des conneries. » C'est mon vieux qui parle. « Que je t'y prenne à te battre, tu vas voir ! On se demande ce qu'ils ont dans la peau. À votre âge, on était pas des tendres, mais on savait s'arrêter. »

Dehors, c'est la fête. Les forains devaient payer Tatave en jetons et tickets de manège. Il n'a pas eu le temps de travailler beaucoup, mais il a eu droit à un bon paquet de jetons quand même. À cause de son œil, il ne doit pas aller dans les manèges. Il les donne aux gonzesses. Ça lui sert à draguer. Il en file plein à Chantal Mayeux. Les deux frangines, paraît qu'elles se marraient trop quand il a craqué son falzar. « Elles peuvent toujours se tâter », qu'il dit. Il a des tickets pour la chenille. Il en donne à Chantal. Elle fait des tours et on la regarde. Il veut pas que je monte avec elle. Il a peur que je l'emballe quand la chenille est couverte. On reste sur le bord, pour mater juste à l'endroit de la soufflerie. Ça soulève les jupes des filles, on voit leurs culottes, c'est bandant.

Elle a une culotte bleue, Chantal. Tatave dit qu'elle a une culotte rose. Il trouve que c'est moins bandant qu'une blanche. Je lui dis : « Une culotte rose, c'est peut-être moins bandant qu'une blanche mais, en attendant, elle en a une bleue. »

Il insiste. Ça doit être son œil en moins qui l'handicape. Je ne lui en parle pas, ça le fâcherait. « Disons qu'elle est bleue tirant sur le rose. » « Non ! Non ! Non ! Elle est rose ! », qu'il dit.

« Bon, c'est bien simple, on n'a qu'à lui demander. » La chenille ralentit et s'arrête. Chantal descend. On quitte le manège.

En marchant, Tatave lui dit : « Faut qu'on te demande quelque chose. Tout à l'heure, on a vu ta culotte dans la chenille mais on est pas d'accord sur la couleur. Faut que tu nous le dises. » Ça la fait marrer. En rigolant, elle dit qu'elle n'en sait rien, qu'elle ne s'en souvient plus. « T'as qu'à regarder. » Elle se marre encore plus. Elle ne peut pas, y a du monde.

Tatave a une idée. On va aller derrière un camion. On surveillera le coin pendant qu'elle regardera.

Derrière le camion, elle veut bien regarder, mais faut qu'on se tourne. On se tourne. « Bleue ! » qu'elle dit.

« Ah, tu vois ! » Il a l'air vexé. « Chantal, tu déconnes, j'ai qu'un œil mais il est pas pourri, t'as dû te gourrer, il fait trop sombre fais-nous voir. » Elle veut pas. Il lui file une dizaine de tickets. Elle marche. On recule de deux pas. Suspense... Elle se met de profil, lève sa jupe doucement. Arrivée à la culotte, elle la rabat aussi sec. On a à peine le temps de voir. Ça fait qu'on reste sur nos positions. Chantal en a marre. Elle veut se barrer. Tatave est tenace. C'est de l'orgueil. Il aime pas avoir tort. « Tu fais chier, merde, Chantal, montre-la un bon coup, je te dis qu'elle est rose. » J'insiste aussi. « Allez, montre-la, on va pas te la prendre ! » Elle veut se tirer, on l'empêche de passer. Tatave la chope par-derrière, il lui tient les deux bras. « Vas-y, lève la jupe, on va bien voir. » J'essaie de lever la jupe, mais Chantal joue des quilles, j'ai du mal à l'approcher. Je finis par y arriver. Je réussis à la lui remonter jusqu'à la taille. Elle commence à brailler. « Lâchez-moi ! Arrêtez ! » Elle est bien bleue, sa culotte. Bleu ciel. « Alors ?, demande Tatave, elle est bleue, peut-être ? » « Oui, elle est bleue ! Bleu ciel ! Tu vois bien ! » Non, il ne voit pas. Dans sa position, il ne peut rien voir. Il veut passer devant. On essaie de changer de position tout en la maintenant. Elle gueule de plus belle. Elle crie au secours. « Au secours ! » Il arrive, le secours. Deux flics en casquette. Je prends une grande baffe dans la gueule. Ils nous maîtrisent. Ça fait un drôle d'effet. À coups de pied au cul, qu'on traverse la place. Tout le monde nous regarde passer. Les flics ont demandé à Chantal de suivre. Nous v'là bien. Ils nous font monter dans le car. Il démarre en faisant Pin ! Pon ! En route, on essaie de s'expliquer mais on nous demande de fermer nos gueules. Chantal pleure.

« Tu vois pourquoi je laisse pas sortir ma gamine », dit un des deux flics. « Bande de petits fumiers ! », dit l'autre en me recollant une beigne. Pour l'instant, c'est toujours moi qui trinque. Sur Tatave, ils doivent pas oser, à cause du bandeau. Le car s'arrête. On nous fait descendre. Dans le commissariat, on nous fait asseoir sur un banc. Les deux flics disparaissent. Il y en a un autre de garde dans le couloir. Tatave lui parle. « On a rien fait, m'sieur, c'était pour rigoler. On voulait voir sa culotte pour savoir la couleur ! Hein, Chantal ? Dis-lui, Chantal ! C'était pour rigoler ! Dis-lui, merde ! »

Chantal pleure toujours, elle a des hoquets. « Fous-lui la paix, dit le flic, tu vas avoir le temps de t'expliquer après. Moi, ça me regarde pas, vos conneries. »

Au bout d'un moment, une porte s'ouvre, on nous fait entrer dans un bureau. Il y a un inspecteur. « Asseyez-vous. » On s'assoit. Il n'y a que deux chaises. Chantal est restée debout. On a pas fait attention.

« Alors, ça vous suffit pas d'essayer de la violer, en plus, vous ne la laissez même pas s'asseoir. »

On se lève tous les deux. « On voulait pas la violer, c'était pour voir sa culotte... »

« Taisez-vous !!! Vous parlerez quand on vous le demandera. » On se rassoit. Il fait amener une troisième chaise.

Chantal continue de sangloter. « Calme-toi, tu ne risques plus rien, maintenant. » Il met ses mains sur ses épaules. « On va les soigner, t'en fais pas. » J'ai les jetons, il nous demande nos noms et adresses. Il y a un flic qui tape à la machine. « Vous allez déposer. Tâchez de pas faire les mariolles. »

Faut qu'on raconte. C'est Tatave qui doit parler. Il y va : « On avait vu sa culotte dans la chenille et on était pas d'accord sur la couleur. Alors on lui a demandé de nous la montrer, mais elle voulait pas. On s'est un peu énervés mais c'était juste pour voir, je vous le jure. »

« T'as rien trouvé de mieux ? Tu me prends pour un con, petit merdeux ? » Flac ! Flac ! Un aller retour dans la gueule. « Aïe, mon œil, vous avez pas le droit de me taper ! » « J'vais me gêner, tiens ! Pour faire des conneries, t'as pas mal à l'œil ! Maintenant, toi, tu vas me dire comment ça s'est passé sans me raconter de salades comme ton copain, j'ai pas de temps à perdre. »

« C'est pas des salades, ça s'est passé comme il l'a dit, vous pouvez demander à Chantal. »

Tatave reprend : « Explique-lui, Chantal sinon y va pas nous croire. » Mais Chantal pleure toujours, elle n'arrive pas à parler. Tatave s'énerve : « T'as intérêt à lui dire, hein ! » Il reprend une bonne mandale. « Mais c'est du chantage, ça, petit pourri, t'essaies de l'intimider, t'as tous les vices, salopard ! T'es pas sorti de l'auberge, mon fumier. C'est moi qui te le dis. » Il le tient par les cheveux et lui secoue la tête en parlant. Tatave dit « Aïe ! Aïe ! »

D'un coup, Chantal démarre : « Non, c'est vrai, ils voulaient juste savoir ça... C'est vrai ! » « T'as peur, hein ? T'as peur qu'ils te retrouvent plus tard, t'es prête à raconter n'importe quoi. Mais t'en fais pas, tu peux dire la vérité, tu ne risques rien, on est là pour te protéger. Ils vont se tenir à carreau, crois-moi. » Il lui parle doucement. Il essaie de la faire parler pour que l'autre note avec sa machine. Elle s'est remise à pleurer. Elle fait non de la tête.

« De toute façon, les deux agents sont témoins. Vous allez pas vous en sortir comme ça, j'aime autant vous le dire. »

Nos parents ont été convoqués. Chantal a continué de nous soutenir. Ses parents n'ont pas voulu porter plainte. Heureusement. On risquait la taule avec sursis, plus une amende.

J'ai encore pris des coups en rentrant à la maison. Je ne suis pas près d'avoir une mobylette. Paraît que je leur ai fait honte devant les voisins. Ma mère a pleuré. J'ai pus le droit de sortir pendant un bon moment. Faut que j'aide à la maison. Les parents de Tatave ont pas fait le détail, ils l'ont mis dans une maison de redressement.

J'ai reçu une lettre. Il dit que pour son œil, ça va mieux. Au centre, il est le meilleur en sport. Paraît que les moniteurs cognent dur. Il en a battu un au bras de fer devant témoins. Depuis, l'autre arrête pas de le faire chier. Il dit qu'il y a de sacrés mecs là-dedans. Il dit qu'en en sélectionnant une dizaine, il pourrait faire courir toute la bande de la Bastille. Y en a un qui lui a donné une combine pour avoir du pognon. Il va essayer en sortant.

Faut que je lui réponde que l'Ancien va mieux, que son petit grelot s'est rebecté. Ça a l'air de le tracasser.

La Chantal est toujours dans le quartier mais elle a pas le droit de me parler. Les parents de Tatave ne me disent plus bonjour. Soi-disant que je l'aurais entraîné. C'est la meilleure.

Le Tatave, vous allez voir que, comme tête de mule, on fait pas mieux. Vous savez ce qu'il me dit, à la fin de sa lettre ? Il dit : « N'empêche que sa culotte était bien rose. » J'aime mieux rien dire, on s'engueulerait.

6

PAS VRAIMENT DRÔLE

C'est facile, pour entrer à l'œil dans le bal. Tu profites d'un paquet de foule et tu te glisses dans le milieu. Ni vu ni connu, ça marche à tous les coups. J'ai essayé. Inutile de vous dire qu'il a fallu que j'allonge mes quinze cents balles.

Une fumée, là-dedans ! Un raffut ! Fallait voir... Et la picole... Un marathon ! Tous, toutes, une boutanche à la main. Même les guincheurs. Partie intégrante. Ça sentait un peu le campeur, fallait un temps d'adaptation. Danger pour gagner le bar. L'orchestre faisait dans le frénétique. Gare aux coups de pompes et aux manchettes !

Tant bien que mal, on a pu s'en approcher, s'y agripper. C'était pas un vrai bar. Des planches sur tréteaux. Les loufiats couraient partout. Rendaient la monnaie dans des flaques de vinasse. Y avait affluence.

Deux bières ! Deux bières ! Les doigts en « V ». Deux... Mais un loufiat, ça regarde où ça veut. Ça sélectionne de la feuille. On a poireauté dix minutes avant qu'innocent, il s'enquière de la commande. Il avait pas encore décapsulé les bouteilles qu'on savait déjà le prix. Des biftons, il en voulait pas. Il en avait à revendre. Pas un brin de monnaie. « J'la chie pas, la monnaie ! », qu'y disait. « Y sont marrants ! »

On en avait, de la monnaie. On montrait nos pièces. On les faisait tinter pour qu'il arrête sa chanson. Mais il voyait rien de nos ronds. C'était voulu. Fallait qu'on se tape tout le roman. Tout le violon. On aurait pas nos bières avant. Il tenait les bouteilles entre ses doigts. Il perdait de la mousse, l'indélicat. « Chaque fin de mois, c'est pareil ! Y croient p't'être que j'en chie, moi, de la monnaie ! » Ça faisait cinq minutes qu'on se fadait les sanglots. On était toujours pas servis. Il était réclamé de partout. Clients, collègues. « J'arrive ! J'ai pas quatre mains ! », qu'y disait. C'te culot !

Bières en main, on s'est éloignés. L'agitation avait pris fin. Ça se trémoussait mollement. C'était le quart d'heure des patins. Ça manquait d'éclairage. Allez trouver la sœur de Pierrot là-dedans !

Deux mots sur elle. Belle plante. Brune aux yeux verts. Dix-neuf ans. Des seins... Jamais de lance-pierres. Nus sous le maillot. Une fermeté ! Une dureté ! Exagérée. Du pectoral d'acier. Un cas unique. À treize balais, ça lui avait poussé en trois mois, tel que c'est resté. Avant, elle était plate comme un discours officiel. L'été, pendant les grandes vacances, elle jouait avec nous. Participait aux balades en cambrousse. Torse poil, comme les lascars, elle faisait la même gymnastique. Quand ses seins sont apparus, on osait plus la bigler. Petit à petit, on s'y est fait. En chahutant, on passait des pognes. Quelle impression ! Quelle émotion ! Ses nichemards envoyaient des super-ondes triquantes. Des phénomènes ! Elle a tout de suite gagné en personnalité. Toutes les concurrentes furent évincées. On était cinq ou six à planer pour elle. À ne plus la lâcher. Même son frangin était envoûté. Ça fait six ans que ça dure. Vous n'allez pas me croire, on a pas encore réussi à se tourner vers d'autres anatomies.

Faut pas qu'elle reste dans le guinche, pourrait y avoir du suif. Quelle idée, aussi, de l'amener là-dedans. Elle le sait, pourtant. Je parle de Josiane Clément. Elle le sait, qu'il faut éviter ça à tout prix. Il a fallu qu'elle l'entraîne. C'est malsain, comme attitude. Ils finiront par l'enfermer, la sœur de Pierrot. Elle se fera coincer. Déjà qu'un coup, il s'en est fallu de peu. Ils n'attendent que ça. Ça les arrangerait bien. Surtout le père. Il a tellement peur qu'elle ouvre sa gueule un jour. Elle est dangereuse à cause d'un traumatisme. On peut jouer avec elle, plaisanter. On peut même lui peloter les roberts. Mais surtout pas essayer d'aller plus loin. Ni même de lui rouler une pelle, ça déclenche quelque chose dans sa tête. Elle n'est plus elle-même. Elle sort ses griffes, et ça part sec. Comme un greffier en renaud, elle vise les yeux. Schlak ! On peut commander une canne blanche.

D'après Pierrot, le père ne la regarde jamais. Même à table. On dirait qu'il a les copeaux ou qu'il ne peut pas l'encadrer. Il lui parle pas non plus. Rien que de l'usuel, du pratique. Passe-moi le sel. Il a rien compris, Pierrot. C'est le vieux qui l'a détraquée. Il a essayé de la sauter. Elle a jamais fait de manières à la maison. Avant d'aller pieuter, chez eux, les enfants se déshabillent dans la cuisine. Le père lit son canard. Quand ses petits nichemards ont poussé, il devait noter en douce, faire mine de bouquiner. Un jour, il a craqué. La mère était déjà au pieu ou en train de bagouler avec la voisine. Pierrot ronflait. Il a tenté le coup. Ça s'est mal passé. « Surtout, tu te tais ! T'en parles pas à ta mère, ni à personne ! Si t'en parles, je te tue. Et je la tue aussi. » On l'a entendue, un jour. Elle jactait seule. Croyait qu'on l'entendait pas. Elle a répété ça quatre ou cinq fois en forçant sa voix dans le grave. Trois témoins, qu'on était. On a pas ri. C'était d'un ridicule inquiétant. On a fait la relation aussitôt. Surtout qu'il y avait eu le précédent « Ribault ». Ribault, le sourd et muet. Sale histoire. On a jamais su le fin mot. Un œil crevé. Les joues labourées. Au tribunal, elle a rien voulu dire. L'autre non plus. Y avait un interprète, il a rien pu en tirer. Drôle d'affaire, où tout le monde se tait. Le psychiatre a eu un diagnostic mou. Le père était prêt à la faire interner. Ça lui ferait beaucoup de peine, qu'il disait, mais s'il le fallait... C'est Pierrot qui nous rapportait les conversations. Sa mère, c'était plutôt le qu'en-dira-t-on. Une fille anormale ! Une cinglée ! Elle sentait qu'on jactait là-dessus à l'épicerie. On la regardait faux. Ça les aurait arrangés qu'elle disparaisse. Qu'elle aille en cure pour le ciboulot. On aurait dit que c'était pour sa colonne ou ses éponges. Enfin, ils n'ont pas pu. C'était pas clair. Les juges ont quand même soupçonné le sourd d'avoir tenté le viol. C'est resté dans le vague. Dos à dos. Seulement, on l'attend au virage. Le prochain drame, c'est le coup de grâce. On serait pas près de la revoir. On veut pas, nous. On en pince trop. C'est pour ça qu'on va la chercher dans le guinche. Et l'autre truffe de Josiane Clément qui l'a entraînée là, au milieu du tas de soiffards. Elle va nous entendre, celle-là !

Ça y est, ça regigote. Ça regambille nerveux. Endiablé. Le chanteur de l'orchestre dirige les opérations. À son signal, les danseurs soulèvent leurs cavalières. Chaque fois qu'elles s'élèvent vers le plafond, on zieute à la recherche des copines. Un coup, on en voit une. C'est Josiane. Sur les épaules d'un mec, qu'elle est. Elle rigole, elle pousse des cris, elle gigote tout ce qu'elle peut. Pierrot fend la foule. Il la fait descendre. Le mec, hilare, lui lance des vannes : « T'avais peur que je parte au galop avec ta fiancée sur les épaules ? » Il ne lui répond pas et entraîne Josiane en dehors de la piste. Elle titube et ricane. Elle est pintée. On la secoue tous les deux : « Où est Corine ? » Elle ricane de plus belle : « Ah ! Ces messieurs sont zaloux. » Elle dit zaloux, tellement elle est cuite. Elle veut boire un coup, elle veut qu'on danse. On la secoue un peu plus fort : « Tu vas nous dire où est Corine, bordel ! Elle était bien avec toi ! » Évidemment, l'inévitable défenseur de la veuve s'amène, menaçant. Pierrot invente qu'elle est sa sœur. Mais c'est qu'elle ne veut pas ! Elle proteste : « C'est pas vrai », qu'elle dit, « c'est Corine, sa sœur ! Elle est sortie avec Hervé. » L'autre comprend quand même qu'on se connaît. Il laisse tomber. Faut qu'on sorte en vitesse. Corine est partie avec un mec. C'est la danse du tapis, on est entraînés dans les rondes. C'est pas de la tarte pour en sortir. On a un mal fou à dégager Josiane. Elle veut repiquer à la gambille, elle dit qu'on sait pas s'amuser.

Une fois dehors, on mate dans la pénombre. On s'approche des bagnoles. Elles sont presque toutes occupées. Ça flirtaille, ça tire des coups. On tape aux vitres : « Corine ! » Chaque fois, on se fait insulter. La buée nous empêche de voir. On ose pas ouvrir les portières. D'un coup, c'est Josiane qui trouve. Un peu à l'écart, y a une bagnole sur la place, sous les arbres. Une portière est ouverte. On voit un mec écroulé, la gueule contre la boîte à gants. Inerte.

Corine est assise contre un arbre. Elle pleure. On se précipite. Elle est à moitié déshabillée. Josiane est dessaoulée. Elle lui passe un mouchoir sur le visage. Elle lui essuie les yeux. Pierrot me prend à part, il vient de regarder dans la bagnole. « Le mec est mort. » Elle a dû lui foutre un coup de bouteille sur la tête, il a du sang partout. C'est plein de litrons vides, dans la caisse. Il n'a rien aux yeux. On sent la trouille monter. Faut surtout pas qu'on panique. Pierrot nous demande de l'attendre, il va chercher sa voiture garée un peu plus loin. Apparemment, personne ne nous a vus. On reste près de Corine.

Pierrot revient. On se concerte. Il prend le volant de l'autre voiture après qu'on ait fait monter les filles dans la sienne. Il roule doucement, je le suis. Un peu en dehors de la ville, il y a un coin à virages. Ça descend méchamment. C'est là qu'on a poussé la tire dans le ravin. Comme au cinoche.

Au retour, je me suis installé à l'arrière, à côté de Corine. Personne n'a moufté. Elle s'est serrée contre moi. Vachement fort. C'est bête à dire, mais je bandais. Sur la pointe des nougats, on est rentrés dans la chambre de Pierrot. Ses vieux dorment à l'étage. Avec Corine, on s'était pas lâchés. Pierrot est parti raccompagner Josiane. On s'est aimés, on a fait l'amour. Des trucs fous que je n'avais jamais faits. On ne s'en est même pas rendu compte. C'est seulement après. J'en revenais pas.

Quand Pierrot s'est ramené, c'était le matin. On lui a dit qu'on allait plus se quitter. Il a dit : « Je me demande si je suis en train de rêver. » On venait de vivre un drame et on était béats. Il comprenait plus.

On a lu le compte rendu dans le journal qu'il venait d'acheter. Ça parlait d'accident dû à l'alcool. « Tragique retour de bal. » Tout collait. On avait même, sans le savoir, maquillé le casse-gueule dans la bonne direction. C'était sa route. Fallait que je rentre, leurs parents n'allaient pas tarder à se lever.

Arrivé chez mes parents, mon père gueulait : « Josette, maintenant, y en a marre ! Tu nous fais chier ! Tu prends ton gosse, tes affaires et tu te barres raconter tes salades ailleurs ! Les billets de tiercé étaient sur le buffet. C'est pas ton frère qui peut les avoir pris, d'ailleurs il est même pas rentré. » J'ouvre la porte. « Tiens, tu tombes bien. J'avais besoin de quelqu'un pour laver ma voiture. Te déshabille pas, elle est dans le garage, elle t'attend. » J'ai accepté la punition avec le sourire. J'ai tout astiqué en sifflotant. Amoureux comme ça, même déboucher les chiottes, c'est sympa.

Mon père. Ses problèmes. Ma sœur. Son enfant naturel. Ses amants qui la renvoient chez ma mère tous les mois. Corine qui est guérie. Pierrot qui ne comprend pas bien. Les copains qui vont être jaloux, et tout ce que je ne vous raconte pas. Votre vie doit vous sembler bien fade.

7

NOËL AU BALLON, PÂQUES EN PRISON

Ça y est, le Jean Rouvier a encore plongé.

Il était sorti depuis deux mois à peine. On l'avait coincé pour avoir barboté deux moutons aux abattoirs. Des agneaux. Il les aurait pris morts, ça passait ; mais quand les flics sont venus pour l'interroger – juste pour ça, ils en soupçonnaient un autre –, les agneaux se sont mis à bêler dans la cave. Si les lardus ont eu de la promotion à la suite de l'affaire, c'est qu'il y a du piston. Fallait pas être bien marle. Du tout cuit. D'après M. Duchesne, agent cycliste du quartier, ils en ont eu.

Cette fois, c'est pour une affaire de sapins de Noël qu'on l'a poiré. Avec une remorque derrière sa mobylette, il allait, la nuit, dans la première plantation à la sortie de la ville, et vas-y que je te déterre les jeunes pousses. Il en entassait le plus possible dans la remorque et faisait des aller et retour. Il en a ramené soixante-quatorze. Avec de la terre aux racines. À replanter dans des pots. Il le conseillait à ceux qui lui en achetaient : « Vous le mettez dans un pot avec de la terre, et après les fêtes, vous le replantez. » Pour les vendre, il s'est installé près des grands magasins. Bien sûr, c'est là qu'il passe le plus de monde, mais c'est aussi le coin où sont plantés les autres marchands. Ceux qui ont la permission. Les patentés. Il leur en veut, d'ailleurs. C'est de leur faute si on l'a contrôlé. Tous des indics, c'est connu. Si tout le monde pouvait s'installer sur les boulevards et devant les grands magasins pour vendre des foulards, des bijoux en toc, des parfums et des sapins, ce serait la foire permanente. Les usines se videraient de leur contenu. Il y a des passe-droits, des tolérances. Ils sont couverts par des cartes d'invalide ou de soutien de famille. Prétextes. La vérité : fonction sociale ! Ça cause aux bourres.

Il a pas fallu long pour qu'on vienne lui demander ses papiers. Le premier jour, il partait en carrosse. Il avait pas fourgué le quart du stock. « J'ai laissé les racines », qu'il gueulait, « on peut les replanter. » Les poulets, ses préoccupations écologiques...

Au commissariat, ils l'ont cuisiné. Ils se doutaient qu'il en planquait d'autres. Ça les tenait. Le commissaire avait décidé de mettre le paquet sur ce genre de trafic. Parait que ça fauche beaucoup, dans les sapinières, avant Noël. Les Eaux et Forêts et les proprios envoient des plaintes à l'Intérieur : les flicaillons de quartier se sont vus investis d'une mission importante. Aux stups ou à la criminelle, ils en auraient pas fait plus. Sur une chaise, le Jean, sans claper pendant des heures, la lampe dans les yeux. Il a trinqué.

Les inspecteurs lui ont fait tout le théâtre. Cravates dénouées, bras de chemise, colères feintes, bourrades, baffes dans la gueule, sandwiches pâté-jambon, bières, clopes, chaise à la retourne, « nous on s'en fout, on a toute la nuit devant nous », les mille ruses épaisses du flic de papa maintes fois incarné au cinoche. De quoi dépasser largement en frais de basse-cour le prix des sapins récupérés dans le jardin des Rouvier.

Jean avait creusé un grand trou dans le jardin, mis les sapins dedans et recouvert de tôle et de terre. Les flics n'avaient rien remarqué à la perquise, mais comme il avait avoué le lieu de l'opération première, ils avaient pu, en allant voir sur place, évaluer assez précisément l'ampleur du larcin après avoir constaté une dévastation localisée. Sachant qu'il avait ouvert boutique assez peu de temps avant leur intervention, ils en déduisirent qu'il y avait forcément du stock quelque part. Vous voyez que rien n'est laissé au hasard ! Vous pouvez dormir tranquilles. L'interrogatoire a tout de même duré un moment avant que le Jean s'allonge. Pensant que sa peine serait proportionnelle au nombre de sapins, il ne voulait pas cracher le morceau. « J'en ai pris dix-sept ! » disait-il.

– Tu nous prends pour des cons, on a été voir, t'as ravagé soixante-dix mètres carrés.

– C'est quelqu'un d'autre, moi j'en ai pris que dix-sept.

Chez lui, il en avait mis un en terre, dans un seau, pour son petit frangin. Même que la mère Rouvier gueulait un peu pour son seau. Pour faire de la guirlande, il avait tortillé du papier d'emballage argenté autour d'une ficelle. Pour les boules, des ampoules de phares de bagnoles et de motos. Pour l'étoile, un carton découpé et re-papier argent. Pareil autour des bonbons accrochés par des bouts de fil. Pour la neige, du coton, et pour l'éclairage, des bougies. Finalement, son sapin n'avait pas trop l'air con. Il l'avait essayé pendant que le gamin dormait en haut. Il aurait la surprise demain. Lampe du plafond éteinte et bougies allumées, ça jetait son jus. Du coup, ça avait créé un climat spécial dans la carrée. Avec la mère Rouvier, ils avaient discuté au moins jusqu'à trois plombes du matin, à se rappeler des souvenirs de mômes : il arrivait pas à imaginer qu'elle ait pu être gamine. Elle lui racontait ses jeux. Il en revenait pas. Il se fendait la gueule. En l'entendant dire qu'elle avait joué à la marelle, il se l'imaginait telle qu'il la voyait là, très grosse, le tablier un peu sale et les molletons variqueux, sautant à cloche-pied. Ça lui déclenchait le fou rire. Elle disait : « Tu me crois pas ? » Il faisait non de la tête en se bidonnant. Elle voyait pas bien pourquoi ça le faisait tant rire, mais comme c'était plutôt rare de le voir comme ça, elle insistait bien pour faire durer. Il en avait des larmes. Un vrai bonheur. Ensuite, elle était allée fouiller dans le débarras pour retrouver une corbeille en osier qu'il lui avait tressée pour sa fête lorsqu'il était écolier. Du coup, elle l'avait remise sur le buffet avec des pommes dedans en disant qu'il valait mieux que ça serve vu qu'elle était bien faite et toujours en bon état. Elle se souvenait de l'institutrice lui disant : « Jean est très habile de ses mains. »

– T'aurais pu faire un bon métier, si t'avais voulu. Tu pourrais même encore.

Mais il lui rappelait son casier judiciaire. Ça ferme des portes. Elle lui avait parlé des sapins, ce soir-là.

– Qu'est-ce que tu trafiques avec tout ça ?

Il avait prétendu connaître un paysan pour qui il avait fait les moissons.

– Il m'a dit : « Tu prends ce que tu veux, ça va être déboisé bientôt pour être cultivé. »

D'habitude, à sa question, il aurait répondu : « T'occupe pas », mais ça se passait si bien ce soir-là qu'il ne voulait en rien la décevoir. Avant de monter se coucher, l'envie lui prit de lui faire la bise... Mais l'habitude était perdue depuis si longtemps... Il y voyait du ridicule.

Le lendemain, elle avait la visite des poulets. Ils venaient la prévenir qu'il était au trou. Ils sont revenus après les aveux. Ils l'ont drôlement engueulée. Pas au courant du trou dans le jardin ! Fallait pas les prendre pour des cons. Ça serait dans le rapport. Au moment de partir, le gros à moustache a remarqué le sapin décoré :

– Faut me démonter ça. Ça va avec le reste.

Et il a commencé à retirer les guirlandes. Nanard a foncé. Nanard, c'est le petit frère. Huit ans. Il voulait pas. C'était son sapin. Il s'est mis à tirer le flic par la veste. Quelque chose a craqué. La doublure ou la poche. Nanard s'est ramassé un revers sonné. Le gros était rouge de colère. Il s'est adressé à la mère :

– Si vous ne le dressez pas, celui-là, il finira comme son frère. Il est déjà bien parti.

Il a viré le reste des décorations sans prendre de gants et ils sont partis, emmenant le sapin. Sur le pas de la porte, elle leur a demandé combien il risquait, Jean.

– Avec la récidive, faut même pas compter le voir pour Pâques.

Dans la rue, les deux flics :

– T'as vu ça, la petite teigne ?

– Qu'est-ce que tu veux, tout ça aussi, ça vient des parents.

8

SUZANNE ET ROLANDE CHEZ CHAUMETON

« Suzanne, t'es une dégueulasse, t'as chié dans tes godasses ! » Dès qu'elle met le nez dehors, les mouflets lui chantent ça sur un air connu. Si, en plus, elle est avec la Rolande Rouvier, on entend : « Au cul, la Rolande ! » Rolande, vous la connaissez, elle répond : « Taaagueule, hé, con ! »

Évidemment, ça reprend de plus belle. En marchant, Suzanne lui dit : « T'es con, aussi, t'as qu'à pas leur répondre, c'est toi qui les excites... Tu leur réponds pas. Quand y z'en auront marre, y s'arrêteront. »

–Je me laisse pas insulter par des morveux... D'ailleurs, toi tu leur réponds pas, mais ça les empêche pas de te dire que t'as chié dans tes godasses.

C'est samedi, il y a bal chez Chaumeton, un troquet avec une grande salle. Elles y vont pour guincher. C'est musette, chez Chaumeton. Avec la boule à facettes pour faire de la neige. On y picole de la bibine, du rouquin et du blanc de table. Faut pas être trop fringué luxe, on se ferait vite repérer. Les soirs où les lascars qui traînent là-dedans repèrent du beau linge, y a vite de la chourave de larfeuilles et de sacs à main.

Suzanne et Rolande ne risquent pas de passer pour des filles aux as égarées ou des bourgeoises en mal de sensations, elles ont leur condition écrite sur leur bobine. C'est de la graine de pue-la-sueur authentique. Pas à se gourrer. Elles ont même tout l'attirail pour en faire foi : coiffure crêpée façon barbe à papa, rouge à lèvres tache-col, charge de rimmel et broche en métal jaune. Tout le reste dans le ton. Elles sont pas près d'en sortir. D'ailleurs, elles n'en rêvent même pas.

De toute façon, elles sont connues dans le secteur. Clientes assidues. Y a que là qu'elles se sentent à l'aise. Pas trop de concurrence, y a une nette dominante julots. Et pour cause, presque à chaque fois, y a du riff. Ça vole dans tous les coins. Les nénettes qui ramassent des plâtres une fois ne se repointent plus. Suzanne et Rolande ont déjà trinqué un maximum dans les échauffourées, mais ça glisse... Vaccinées.

Faut dire qu'elles ont débuté à la dure en famille. Baffes dans la gueule et coups de pompe dans le fion pour des riens. Au pieu sans claper ! Ça en fera d' plus pour les autres ! Y en avait pas de trop, et y avait du monde.

Chez Chaumeton, faut toujours qu'elles gambillent ensemble, les vaches... Si y a un truc qui fait chier les mecs, c'est bien ça. Au début du slow ou du tango encore, passe... Mais si deux lascars décident de les séparer et qu'elles rechignent...

C'est souvent le même scénario. Ce soir, c'est justement le cas, vous tombez bien.

Deux potes se concertent : « On sépare la blonde et la brune ? » « Tu prends la brune ou la blonde ? » « Oh, moi, j'm'en fous, pourvu que je tire ma crampe ! »

Les mecs abordent : « On peut vous séparer ? »... Pas folles, elles les ont vus venir, elles bandent pas trop pour. Elles matent le plafond comme des sourdingues. Les mecs s'avouent pas vaincus, ils tournent autour, suivent le slow, lancent des finesses :

« Alors, on veut pas se décoller, on est un petit ménage ? Tu crois que ça gouinasse, ça, Raymond ? » « Tu parles si ça gouinasse ! C'est sûr ! Ça se titille le clito ! Ça s'achète des godes. »

Elles continuent de faire les bouchées. Ils n'existent pas. Au bout d'un moment, y en a un qui commence à toucher. Il prend le menton de Suzanne pour qu'elle baisse les châsses, pour qu'elle le frime, parce que c'est pas poli de pas regarder les gens. Là, il va trop loin, Suzanne est pas manchotte, il se ramasse une mandale, il reste tout con. Son pote regagne les coulisses, lui il reste un moment planté devant les filles, à les bigler méchant, puis retourne au bar. Y avait des spectateurs. Ça se bidonne sur son compte. Il est un peu vert, y regarde personne. Faut pas compter qu'il digère vite, ça n'a pas l'air d'être le genre. Sens de l'honneur et tout et tout. Du tatoué, avec les trois points près du pouce. Mort aux vaches ! Il digère pas, y peut pas. Surtout une gonzesse. C'est le bouquet. Il finit par se retourner vers le loufiat et commande un rhum. Son pote lui parle, il répond même plus.

Deux rhums, trois rhums. Entre-temps, les nénettes se sont fait séparer. Elles gambillent avec des jules. C'est pas fait pour le retaper. Si encore elles avaient continué entre copines, ils auraient eu que la mandale entre eux ; mais là, ça confirme qu'en plus, il est loquedu pour elle. Qu'il avait pas le faciès adéquat. Il a le total. Ça doit fumer dans sa tirelire.

Par contre, le cavalier de Suzanne est en affaires. Il emballe sec. Ils se roulent des patins à pus respirer avec caresses de nuque et frotte berlingot. En plein slow, les v'là barrés vers la sortie.

Suivons Suzanne et son séducteur, des fois qu'y aurait à mater.

Ils se dirigent vers une bagnole. Le mec lui reroule une pelle de champion contre la tire. Il veut ouvrir la porte, merde ! Bouclée ! Faut qu'il retourne voir celui qui a la clé. Elle n'a qu'à l'attendre devant la voiture, il n'en a pas pour longtemps. C'est ce qu'elle fait. Le revoilà déjà. Il a fait fissa. Peur qu'elle tiédisse. Il ouvre la lourde et ils s'engouffrent. C'est de la bonne tire, ça fait couchette. Il va droit au sujet, Suzanne renaude pas, la vie est simple. Elle veut bien pour le berlingot, mais pas les roberts. Allez savoir. Ça, c'est bien de la Suzanne. Ils virent leurs fringues, elle garde son lance-pierres. Ils vont au cul. Du côté de chez Chaumeton, on ne fait pas l'amour, on va au cul. Faudra nous y faire. En limant, le lascar prend tellement son aventure à cœur qu'il perd le contrôle de son sphincter et qu'il largue une louffe sonore. Sur le coup, Suzanne moufte pas, mais au bout d'un moment, y a un vache de relent qui l'incommode. Elle demande qu'il ouvre un carreau. Y veut pas, il dit qu'il a pas envie d'attraper la crève. On est loin de la vieille galanterie française.

Suzanne n'a plus le cœur à la galipette. Il aurait plutôt tendance à se lever, son petit cœur. Elle est pas loin de gerber. C'est pas ce soir qu'elle aura un orgasme.

Comme elle s'est dégagée alors qu'il était presque au point, il veut qu'elle le finisse à la bouche, en turlute. Il se hisse à bonne hauteur, mais ça part tout seul. Il lui envoie la purée dans les dents. Presque au même moment, elle lâche une fusée de dégueulis. Il prend tout sur le chibre et les noix. Les v'là qui s'engueulent avec verdeur. « Pouffiasse ! Morue ! Brouteuse ratée ! Dégueulasse à table ! Tu paieras le nettoyage ! » « Et mon maquillage ! Pédé ! Gangster ! C'est toi qui vas le refaire ? » Tout ça en se reloquant. Ça fait un de ces bouzins dans la chignole, on dirait qu'elle va exploser. Ils ont allumé le plafonnier pour y voir. Les mecs qui sortent pour pisser contre le mur à Chaumeton notent les plans. Ils en ont large pour leurs biftons de sortie.

Après s'être refait une santé aux lavabos, Suzanne, qui en a vu d'autres, est à nouveau en piste avec sa camarade. Ça lui permet de tout raconter... Elles se poilent tout ce qu'elles peuvent. Elles vont même jusqu'à danser le tango à l'argentine, avec les gestes exagérés, tellement elles sont de bonne humeur.

Manque de bol, elles ont oublié le frustré de tout à l'heure, celui qu'a pris la tarte dans la gueule. Au moment où elles passent devant lui, il place un ribouis en vache. Méchant croche-patte. Les deux gisquettes vont au tapis vite fait. Aussitôt, c'est le western. Le coupable se fait allumer par un défenseur de la veuve, mais l'autre a des potes. C'est vite la mêlée générale, y a même des kils qui valsent, faut s'abriter si on joue pas. Les flics arriveront tard, comme d'habitude. Ils n'aiment pas trop passer chez Chaumeton quand c'est vivant. Dès qu'ils ont le coup de grelot, ils comptent dix plis de belote avant de grimper dans le car. C'est la règle.

Je vous l'avais dit, pas un samedi sans rififi chez Chaumeton. En remontant vers la cité, Rolande à Suzanne : « Qui c'est le grand brun qui tapait la tête du fils Chenot contre le bar ? » « Ah, je pourrais pas te dire son nom, mais je sais qu'il travaille à la verrerie. » « Çui-là, samedi, y m'le faut. »

9

BONSOIR JEAN, SOUFFLE LA LAMPE

C'est fini ! C'est décidé ferme ! Plus jamais je ne prêterai quoi que ce soit. Plus jamais. Y peuvent crever la gueule ouverte !

Tu parles d'un emmanché le Gérard ! Je lui prête ma bagnole : il me pète un amortisseur et il dit que ça y était avant. Je lui avais dit pourtant : « Si jamais tu pètes quelque chose, t'es responsable ! » « Oui, oui. Oh ! t'es chiant. » Bah, tiens ! Je suis chiant ! En attendant : un amortisseur de pété. Et qui c'est qui va raquer ? C'est mézigue. Ah, l'enculé ! Il me la copiera ! Je commence à en avoir plein le cul de me faire baiser. Ça fait deux fois cette semaine. La mobylette avec Irène : je prête ma mobylette à Irène mardi. Je lui dis pourtant : « Fais attention, le réservoir est presque à sec. Remets de l'essence. » Elle remet pas d'essence. Et elle tombe en panne à minuit en rentrant de chez Lionel. Qu'est-ce qu'elle fait pas la charogne ? Elle laisse la mob contre un lampadaire. Sans antivol ! Et elle rentre en stop. Évidemment le lendemain plus de mobylette. Je lui dis : « Mais pourquoi t'as pas mis l'antivol ? La clé est dans la sacoche. Je la laisse toujours dans la sacoche ! » « J'ai pas vu de sacoche ! » Mademoiselle n'a pas vu de sacoche ! Elle essaie de se souvenir d'une grosse sacoche ! « Mais pas une grosse. J'ai jamais dit une grosse sacoche, patate ! J'ai dit la petite sacoche derrière la selle. » Et je lui ai dit en partant : « Écoute-moi, tu ne vas pas te rappeler. » Elle rigolait ; elle déconnait. Ah ça ! pour déconner !... Ah ! pour rigoler, là elle est forte. Seulement qui c'est le con là-dedans. Parce que je sais bien comment ça va finir. Pour l'instant, faut attendre. Faut attendre que les flics la retrouvent. Si dans je ne sais combien de temps ils ne l'ont pas retrouvée faut faire marcher l'assurance. Mais y a pas d'assurance. C'est une petite mob que j'ai achetée d'occase. Je m'en sers que pour aller au lait, au pain. Je m'en sers même pas à la nuit tombée, y a pas de lumière. Déjà que j'étais emmerdé qu'elle s'embarque sans lumière. Ça fait chier quand même, quand on y pense. Toujours et toujours les mêmes qui se font baiser. Éternellement ça recommence. Moi, faut que j'arrête ça. C'est fini maintenant ! C'est fini ! C'est décidé ferme ! Plus jamais je ne prêterai quoi que ce soit. Plus jamais. Y peuvent crever la gueule ouvert. Qu'on me demande n'importe quoi, mais alors n'importe quoi ! Même des petits trucs. Je m'en fous. Je dirai nib de nib ! Démerdez-vous ! Chacun ses affaires, et venez pas me faire chier. Je veux bien être bon mais, je veux pas être con ! Y'a rien à faire ; qu'on le prenne par n'importe quel bout. Si t'es trop bon, tu finis par être con. Tôt ou tard, tu t'en mords les doigts. Alors moi, je veux bien être con une fois, deux fois, mais là ça fait au moins quinze. Qu'est-ce que je raconte, quinze ? Plus que ça... Dans ma vie, ça fait au moins cinquante, cent fois que je me retrouve le bec dans l'eau à cause d'enfoirés qui m'ont pris mes affaires et qui, soit me les ont pas rendues, soit me les ont cassées, abîmées. C'est comme les bouquins, tiens ! Alors là, les bouquins, fini, mais alors fini ! De toute façon, les bouquins, ça fait un moment que je l'ai décidé. Au début je les marquais... Non au début, pendant longtemps, j'en ai prêté, ça ne revenait pas. « Tu me le ramènes parce qu'après, tu vois c'est con... » Bon. Vous les avez revus, vous, les bouquins ? Moi non plus. Bonsoir Jean. Souffle la lampe.

Alors c'est pour ça maintenant, fini ! Mais alors fini !... Et pas que pour les bouquins. Tout ! Absolument tout ! Bagnole, bouquins, fric, même les fringues. Justement les fringues. On pourrait dire les fringues, c'est pas pareil... L'autre fois, c'est Jean qui me demande un costard. Y sait que j'ai deux costards et qu'on fait la même taille.

Pour aller où ? Je ne sais plus. Enfin moi je m'en fous. Y me demande un costard. Pas de raison que je lui prête pas. Du moment qu'il y fait gaffe. Qu'y fout pas trop de merde dans les poches, qu'y remonte bien le froc quand y s'assoit pour pas que ça se déforme aux genoux. Évidemment Jean, il est gentil Jean, seulement il picole un peu trop. C'est pas pour faire la morale mais quand on porte un costard qu'un copain vous prête, on évite de se beurrer la gueule et de chercher des crosses aux pékins de la rue. Alors le costard, dégueuli, accroc et tout le folklore. Mon Jean : « T'en fais pas. Je te le repaierai. » Et moi, bon con : « Je te demande pas de le repayer ! Envoie-le chez le teinturier, fais réparer l'accroc et ça ira bien comme ça. » Mais vu que c'est cher, les accrocs, il l'a donné à faire à une vieille dans son coin qui a fait ça mais... c'était ni fait ni à faire. Ça se voit trop. Alors, le costard, je ne le remets plus. Bon, il s'est pas rendu compte Jean. Il s'est dit : « Moi je suis clair. Je l'ai fait nettoyer, repriser. » Il y pense même plus mais moi, le costard, je le mets plus. Et c'est pour tout comme ça. Tout ! Alors maintenant c'est la bagnole. Un amortisseur ! Mais qu'est-ce qu'il a bien pu branler pour me péter un amortisseur. Il a pris des trottoirs ou il a été à fond dans des cassis. Ou ils sont montés à sept. Ça, je lui ai pas demandé mais ça m'étonnerait pas qu'ils soient montés à sept. Non, ça fait chier. Je sais bien que je me répète mais ça fait chier. Ça fait chier de ne pas pouvoir avoir confiance. La moindre des choses, c'est de rendre ce qu'on a emprunté tel qu'on l'a emprunté. Moi si j'emprunte quelque chose au moins... D'ailleurs je ne me souviens pas avoir emprunté quelque chose. Depuis... C'est vrai au fait. Je prête toujours mais je n'emprunte jamais. Ah, je suis vraiment le bon con ! Et les autres s'habituent. On a pas ça. Ça fait rien, on va lui demander. Il est là pour ça. Oh maintenant ça va changer. On me demande quelque chose. Tu peux me prêter ton... « Oui, et toi qu'est-ce que tu peux me prêter ? Tu me prêtes rien ? Eh bien, on est quitte. Bonsoir Jean. Souffle la lampe. »

C'est normal écoutez. Il arrive un moment où il faut prendre les décisions qui s'imposent. Dans n'importe quelle affaire c'est comme ça. J'ai pas envie d'être le con pendant cent sept ans. J'ai deux chaises chez Thérèse. Ça doit faire maintenant huit mois. Ça fera huit mois en mars puisque c'était pour l'anniversaire de Sonia et qu'elle est née en septembre. Enfin sept ou huit mois. Mais même cinq ou trois. On ne garde pas des chaises si longtemps. Et vous allez voir que dès que je vais me décider à gueuler, on va me répondre : « On attendait que tu viennes les chercher. » Parce que dans leur esprit, c'est moi qui doit venir les chercher. Je prête mes chaises. La moindre des choses serait de me demander : « Quand est-ce que tu comptes être là pour que je te rapporte les chaises. » Non ! On attend que je vienne les rechercher. C'est con pour eux mais la prochaine fois qu'ils vont avoir besoin de chaises pour la communion ou n'importe quoi, ils iront se faire enculer. Oh ! je me gênerai pas pour leur dire. Je dirai : « Allez vous faire enculer, je ne suis pas l'agence des chaises ou je suis pas Rothschild. » D'ailleurs, si j'avais ma mob, si j'avais pas l'amortisseur de pété sur ma tire, j'irais tout de suite les rechercher pendant que j'y pense et que je suis énervé, comme ça ils s'en souviendraient. J'irais même sans un mot. Je prendrais les chaises et salut ! Bonsoir Jean. Souffle la lampe.

C'est dégueulasse je trouve. Les gens n'ont pas de... n'ont pas de... j'sais pas, c'est pourtant la moindre des choses d'être un peu correct. Parce que si on va par là, si y a plus de respect, si tout le monde encule tout le monde, alors où on va ? Faut un minimum de correction. Je veux pas dire que dans le temps c'était pas pareil, parce que je sais ce qu'on va me renvoyer dans la gueule, mais enfin j'ai l'impression qu'à une certaine époque, les gens avaient plus de respect, sur la question de rendre ce qu'ils empruntaient sans l'abîmer. Ou du moins que s'ils l'esquintaient ils le repayaient, tandis que maintenant tout le monde s'en branle et c'est toujours les mêmes qui sont les cons dans l'affaire. Bah, moi je dis : « D'accord, jusqu'à maintenant j'ai été le con. Mais alors là à partir d'aujourd'hui y peuvent se brosser. Si y a quelqu'un à enculer ce sera pas moi. » Ils iront enculer qui y voudront, frapper à n'importe quelle porte sauf à la mienne. Je ne suis plus près de leur tendre mon prose. Je l'ai trop fait. C'est fini. Je sais bien ce qu'on va me faire. Tu te butes bêtement et c'est ceux qui n'y sont pour rien qui vont trinquer. Je le sais bien ! Je le sais bien. Et c'est malheureux ! C'est toujours comme ça ! Toujours les autres qui trinquent ! Jamais les coupables. Mais alors si on tient compte de ça, on continue de se faire arranger toute sa vie. Hé ! hier, Denise qui habite en face : « Je voudrais un peu de sel. Je suis en panne de sel. » Bon, c'est rien du sel. Je ne vais pas lui refuser à onze heures du soir. Je lui passe ma salière. Je suis certain que dans huit jours, si j'ai pas été lui demander, je ne l'aurai toujours pas récupérée. C'est pas pour le prix du sel ou de la salière. J'en ai rien à foutre. Y a guère que ça qui ne soit pas encore cher. Je peux m'en payer des tonnes. Je me sers avec le gros paquet. Ça coule encore mieux que la salière, même la salière avec du riz contre l'humidité. Mais c'est le principe que je critique.

Bon hé, je vais pas prendre tous les exemples, j'en aurais trop, j'aurais pas assez de la soirée pour tout raconter mais en tout cas, il y a une chose que je peux dire, c'est qu'on ne me baisera plus et n'importe qui peut me demander n'importe quoi il pourra aller se faire enculer. Enfin quand je dis enculer. Je lui dirais poliment c'est une façon de parler. Parce que si faut être correct vis-à-vis de celui qui prête des choses faut être correct aussi vis-à-vis de la question de la politesse. Quand je dis qu'y iront se faire enculer je le dis sous le coup de la colère mais enfin je ne céderai pas pour autant. Fini ! On ne m'empruntera plus rien ! Ni des outils dans mon garage ni dans la cuisine. Ni meubles, ni pognon. Rien ! Rien ! Neni ! J'ai trop donné. Je ne le répéterai jamais assez. Quand on est trop bon on est trop con. Maintenant chacun ses affaires. Bonsoir Jean. Souffle la lampe !

Gérard, lui, il s'en fout vous comprenez. Il a du pognon. Il a du pognon mais il a pas le permis. Alors comme il a pas le permis. Il a pas de bagnole. Et comme il a pas de bagnole, quand il lui en faut une il emprunte celle des autres. Et les autres, c'est qui ? C'est mézigue. C'est ma pomme. Toujours et toujours, parce que les autres prêteraient pas leur bagnole à quelqu'un qui n'a pas le permis. D'ailleurs ça leur donne un argument. « Si t'avais le permis, là je dis pas... »

Alors que c'est pas vrai. Ils ne la lui prêteraient pas de toute façon. Et ils ont bien raison parce qu'en fin de compte qui c'est le con ? C'est moi ! Il me suffit de dire « non » et voilà. Je suis comme eux. Ni plus ni moins. « C'est mon outil de travail. Tu comprends, si jamais il y a un pépin j'ai pas de blé pour en avoir une autre de sitôt... » Non, moi je me crois obligé. Parce que je pense qu'il est normal de s'entraider. Eh bien qu'ils aillent se faire sauter maintenant !

Quand j'y repense, mes chaises. Je suis allé boire un coup l'autre jour chez Thérèse. On en a pas parlé, j'étais pressé. Et puis j'étais pas bien, mal au crâne, et puis mon estomac, tout ça bref, on a fait aucune allusion aux chaises. Y avait Loulou. Il fait bien quatre-vingt-dix kilos. Il était plutôt beau et fin étant plus jeune. On peut pas picoler et rester esthétique. C'est ça le malheur. Enfin il était justement sur une de mes chaises. Il avait un pied sur un barreau. La peinture ! Et c'est pas lui qui redonnera un coup de pinceau. Il ne se rend même pas compte. En plus il se balançait. Je vous mens pas on entendait les craquements. Il s'y était habitué à la chaise. Il ne pensait même plus qu'il était assis sur ma chaise. Qu'est-ce que vous voulez que je lui dise. Il m'aurait pris pour un cinglé que je gueule pour ma chaise. D'ailleurs, il ne doit même plus se souvenir que j'avais apporté des chaises chez eux. Il est loin de tout ça, lui. Il a d'autres préoccupations. Monsieur pense à des choses essentielles, pas à mes petites conneries. En attendant, c'est assis sur mes chaises qu'il y pense et en se balançant. Alors moi si j'avais ma bagnole, j'irais tout de suite et je dirais : « Allez ouste ! Va cogiter dans un coin de la pièce le cul par terre. En attendant j'ai besoin de mes chaises, vire-toi de là et ne la ramène pas parce que sinon je t'en casse une sur la tronche ! Tu vas voir ça va pas traîner. » Et surtout qu'il s'avise pas de la ramener parce que là, là je crois que ça pourrait chier. C'est con mais c'est jamais le moment qu'y faut pour faire les choses. Là tout de suite je suis prêt à aller tous leur péter la gueule. J'ai pas de mobylette, pas de bagnole. Et quand on vient m'emprunter quelque chose, ça tombe toujours à un moment où je suis de bonne humeur ? Je peux pas refuser.

Total à la fin qui c'est le grugé ? l'enfilé ? C'est Bibi. Ma parole qu'aujourd'hui, c'est la dernière. On ne m'enfilera plus. C'est moi qui enfilerai les autres. Je le jure sur la tête de ma vieille qu'est à l'hosto. Si c'est pas vrai, qu'elle crève. Et j'ai pas envie. Parce qu'une vieille j'en ai qu'une. Quand je pense que c'est en allant faire du raccommodage chez Raymond qu'elle a fait sa chute. Qu'elle s'est cassé le col du fémur. Mais qu'est-ce qu'il avait besoin ce con de Raymond de lui donner tout ce boulot et de la faire venir chez lui au lieu de lui apporter le linge. Et moi, bon con, j'ai dit oui. Mais qu'est-ce que je suis con !... Il m'emprunte ma mère, je dis oui. On va jusqu'à m'emprunter ma mère ; je dis oui ! Mais qu'est-ce que j'ai fait au Bon Dieu pour être aussi con ! Et les autres aussi suceurs. Mais on vit dans un monde incroyable. J'arrive pas à y croire moi, qu'on en soit là. On va se réveiller. Pinçons-nous. Sûr qu'on ronfle. Aïe ! Évidemment chaque fois qu'on croit rêver, on ne fait que le croire. Ce serait trop beau. Et chaque fois, on ne gagne que le bleu du pincement.

Ah les enculés ! Je vous jure ! Y a des fois on a envie de tuer. Moi je comprends le mec qui tue. Moi je tuerais mais alors faudrait pas venir me traiter d'assassin, parce qu'on pourrait plutôt dire que ce serait les autres qui s'auraient suicidé... Qui « s'auraient » ou qui « s'avaient » ? Oh, et puis merde, je vais pas me poser des problèmes pour leurs gueules. Qu'ils aillent se faire emmancher.

10

J'AI BEAUCOUP SOUFFERT DE NE PAS AVOIR EU DE MOBYLETTE

Le fils Rouvier, celui qui va bientôt partir au régiment, il a une moto. Une 50 cc, italienne, trois vitesses. Quel raffut quand il passe ! Ça fait chier tout le monde. En plus, il fout de l'huile de ricin dans le moulin. Paraît que ça tire mieux. En attendant, ça fouette un maximum. Les viocs lui lancent des regards haineux : « Le jour où y va se casser la gueule, y sera calmé. » « Pensez-vous ! Y recommencera... Rien de bon dans la peau. » « Qu'y se ramasse, encore, on s'en fout, mais c'est qu'y peut renverser un môme... »

Le v'là devant chez Germain... Il siffle un grand coup. Le fils Germain descend, grimpe sur la selle biplace, les v'là barrés. Où qu'y vont ? C'est Rouvier qu'a un plan ; il est sur un vieux coup ; une nénette qu'en pince pour lui.

C'est un peu le coq, le jeune Rouvier. Un chaud de la tringle. Peut pas rester un soir sans jambonner. Il en a plusieurs en chantier. Des qui sont fiancées, des mariées et des jeunes colombes pas encore décapsulées qu'il travaille au charme et à la patience. Il est cumulard, mais pas partageur. Dès qu'il a vent d'un écart, il règle ça à la mandale. Son pote Germain est plus tendre. Quand Rouvier en caresse une sans preuve, il lui dit : « Tout de même, t'attiges, t'y as pété l'arcade. » « T'en fais pas, elles aiment ça, si t'es pas un peu ferme, tu te fais toujours arranger, elles se paient ta fiole... Crois-moi, j'les connais, toutes des salopes ! »

Ce soir, ils vont chez Claudine. Elle est mariée avec un représentant. Ça ne rentre que le vendredi soir, ces mecs-là. Elle est drôlement mordue. Le Rouvier l'a envoûtée. Elle veut divorcer, mais Rouvier est pour la famille, moral ! « On est pas bien comme ça ? Y nous gêne pas, ton mari, tu peux bien le supporter trois jours par semaine, c'est pas la mort. Et tes mouflets, tu sais bien que c'est pas moi qui pourrais leur servir de père, j'aime trop mon indépendance. Bon... Tu nous sers l'apéro ? »

Pendant qu'elle va chercher des verres à la cuisine, il donne les consignes à Germain : « Je vais aller la sauter dans sa piaule, dès qu'on y sera, tu fouilles partout, voir s'il y a du blé. Sinon, tu chourres tout ce que tu peux. »

Après trois ou quatre tournées d'apéro, il entraîne la nénette dans sa piaule. Un peu gênée, elle montre les bouteilles à Germain en partant. « Tu te sers », qu'elle lui dit. « C'est ça, tu te sers », dit Rouvier en rigolant. Ça fait pas cinq minutes qu'ils sont à côté que Germain entend la gisquette couiner. Il parle entre ses dents : « Toujours moi le con, là-dedans... » Il fouille à droite, à gauche, y a pas grand-chose. Entre-temps, il avale le pastaga et le vin cuit au goulot. Y a des petits calecifs nylon qui sèchent sur une corde. Une bonne dizaine. Des jaunes, des verts, des rouges, des à pois. Il rafle le tout en se marrant et les enfouille. Sur la télé, il y a un sablier. Il écoute les cris et les soupirs. Sourire aux lèvres, il retourne le sablier, déboutonne sa braguette et commence à se pogner. Comme il est déjà bien poivre, ça le fait marrer. Il gamberge à la situation : « C'est la branlette à la coque... Trois minutes pour décharger... Si t'as pas envoyé la purée avant que tout le sable soit descendu, t'as un gage. Et le gage, c'est trois fois le tour du pâté de maisons avec un concombre dans le cul. » Il se fend la gueule. C'est comme ça que la mère de Claudine le trouve en entrant brusquement dans l'appartement. Ici, chez sa fille unique, mariée et mère de famille, un mec, les yeux fixés sur un sablier, s'astique le mat en rigolant. Elle en laisse tomber son sac à main comme au cinéma, et crie : « Mon Dieu ! » Sa fille, qui a entendu, passe la tête par la porte entrebâillée et crie à son tour. Elle crie, devinez quoi ?... « Maman ! » Germain a rengainé presto. Il panique légèrement. Dans la piaule d'amour, un bruit se fait entendre. C'est Rouvier qui se tire par la fenêtre. Rez-de-chaussée, la moto pétarade déjà. Germain sort par la lourde. « R'voir m'dame. » Il dévale le bout d'escalier, fonce vers la moto, enfourche la selle, les v'là repartis.

Ça zigzague sec, ils bagoulent en roulant. « Merde, t'aurais pu tourner le verrou ! Elle a même pas pensé que sa vieille pouvait débouler, l'autre conne ! » « Alors, t'as trouvé de l'oseille ? » « Penses-tu, y avait que dalle. » Il coiffe Rouvier d'un slip qu'il vient de sortir de sa poche. En l'enlevant, Rouvier dit : « Qu'est-ce que c'est que cette connerie ? » « J'ai chourré la collection de calebars de ta fiancée. » Ils se marrent de plus belle. Rouvier a une idée : « On va essayer de les refourguer, ça nous fera du fric. »

Ils s'arrêtent devant le « Bengali-Bar ». Nelly, la serveuse, est en train de faire décher son fric à un client. C'est un manut' en java un soir de paie. Y se fait drôlement pomper son blé. Elle en connaît un rayon, la Nelly. Ça marche au champ'. C'est déjà la troisième roteuse. Pour quatre heures passées là à s'imaginer qu'il va tringler la serveuse, il bouffe un quart de sa paie. Avant la fin du mois, toute sa famille va bouffer des patates. C'est comme ça.

Rouvier prend Nelly à part : « Cinq balles la petite culotte, Nelly, ça t'intéresse ? » Elle en examine une sous la lampe du bar. « Sont même pas neuves », qu'elle dit. « Pas neuves ! Pas neuves ! Tu voudrais pas qu'elles soient en soie en plus, qu'est-ce que t'as maintenant pour cinq balles ? Tu charries, là, merde, Nelly, t'es pas raisonnable. » Rien à faire, elle ne marche pas. « Tant pis, Nelly, mais faudra plus compter sur nous quand t'auras des clients beurrés qui te feront chier. T'en fais pas, Germain, on va les refourguer à ma frangine, elle est pas aussi snobinarde du prose. » Ils partent en claquant la porte. « Hé ! Vous n'avez pas payé vos bières ! » « Va te faire enculer, pétasse ! »

Les voilà repartis vers le quartier. Ils roulent à ras du trottoir. Ça y va, les coups de latte dans les poubelles. Demain, les éboueurs vont fumer. Arrivés dans le quartier, ils font trois ou quatre fois le tour de la petite place. Le jeu, c'est de faire traîner la béquille de la moto sur la route. Ça fait du bruit et des étincelles. Des fenêtres s'allument, des vieux sortent sur le pas de la porte. « C'est pas un peu fini, ce bordel ! » « Ta gueule, vieux con ! » Rouvier dépose Germain devant sa porte. « Demain soir, j'ai rencart avec deux gonzesses. Je passe te chercher, tu pourras en baiser une. » « Demain, je peux pas. Faut que j'aille voir ma mère à l'hosto. » « Elle va pas bientôt crever, ta vieille ? Merde ! Tu sors jamais. » « Rouvier, si t'étais pas bourré, je te foutrais mon poing dans la gueule. » « C'que t'es con, je disais ça histoire de déconner. Hé ! Au fait, au cas où la vieille à Claudine aurait porté le pet et que les lardus viennent te cuisiner, tu m'as pas vu. »

11

DES NOUVELLES DU COUSIN

Il a écrit, le cousin... À son cousin, qu'il a écrit.
Il a écrit :

« Cher cousin.

Sûr de son coup, le lion me fonce droit dessus.

Vlan ! J'y file un grand coup de latte dans la gueule. K.O. !...

Je me retourne ! Un tigre qui déboule. Je lui fais un croche-patte... Il va se foutre la gueule dans le mur. Mais les léopards arrivent... Onze léopards !... Plus sept panthères... Si l'infirmière n'était pas venue me faire ma piqûre, je me faisais bouffer.

Pour faire entrer du pinard dans l'hosto, c'est pas du nougat. Surtout dans le service où on est. C'est fliqué sérieux. Paraît que j'ai le pot d'avoir affaire à des fauves, c'est plus tangible, plus visible, on peut parer. Y en a qui donnent dans l'insecte. Ça, c'est une vacherie, à peine repéré ça glisse dans la chemise, t'as le temps de rien faire, tu les sens qui te cavalent sur la viande. Des fois, ça arrive, un cœur qui lâche quand l'infirmière traîne pour remplir la seringue. Crevé de trouille. On rabat le drap sur sa tête. On l'emporte. Sitôt la porte fermée, c'est la ruée sur la table de nuit. Ça fouille. Ça ratisse tout. Bonbons, bouquins, gâteaux, bananes. Parfois un demi-litron, même. Il disait rien, le fumier ! Partageait pas. Il pictait en suisse, pendant la nuit. On l'a mauvaise. On lui en veut déjà pour son proche passé. "Ça lui a pas porté bonheur !", qu'on dit. Demain, y aura un nouveau. Reste à espérer que c'en sera pas un de la cloche. Mieux vaut un qui a de la famille. Et de la famille qui ravitaille. Qu'on ait le temps de lui faire croire qu'ici c'est coco au vrai sens. Qu'on partage tout. Pas de privilège. Quand il aura compris que c'est chacun pour sa peau, on se sera déjà pas mal sucrés. À l'hosto, c'est comme dehors, on se bouffe les uns les autres. Pire que dehors, même, chrétiens puissance "n".

À l'hosto, on pense à tout ce qu'on ferait si on était dehors. Dehors, on n'a pas d'idée. On n'a même pas idée à quel point on n'a pas d'idée. On occupe pas le temps. On le laisse filer. Si tu viens, mon cousin, amène un litre, planque-le dans un sac. On fouille pas les visiteurs.

Tires-tu des coups ? J'espère que tu tires des coups. Ici, on se paluche. Les infirmières, c'est pas du mouron pour nos stylos à yaourt. On est autant proscrits que les syphilos. Surtout, qu'on s'avise pas de palper des meules pendant les soins ! Y a tout de suite du rapport dans l'air...

L'infirmière ne bande pas pour le pochard en cure. Pourtant, à les entendre entre elles, ça n'est que souvenirs de poivrades les jours de congé, dans les guinches et les surboums. En service, elles consomment de l'interne en rêvant d'un patron. Le patron c'est le merle, l'interne la grive et le pensionnaire le corbeau-pue-du-bec. À moins d'être skieur bronzoto quille en plâtre. Ceux-là prennent des rencarts pour la convalo. J'ai tringlé quand même, un jour, mon cousin.

Faut que je te raconte.

Au service pochtron, on voisine avec les fêlés. C'est pas l'asile pur. Une sorte de préventive. Pour ceux qui ont craqué. On les examine avant de décider l'internement ou la réinsertion. C'est avec une cliente de ce service que j'ai eu l'aventure.

En allant pisser, je passe devant les W.-C. Dames. On me chope par un bras. Une grande brune en robe de chambre. En robe d'hosto. Me voilà chez les dames.

"J'ai envie", qu'elle me dit. J'en revenais pas. Elle me tire dans une chiotte, dénoue sa ceinture, la robe tombe. Elle est à poil. Ni tonneau ni planche, plutôt bien proportionnée. Elle a le feu aux joues, elle tremble de toute sa carcasse. Elle fouille déjà dans mon pyjama. “T’as une grosse bite”, qu’elle dit (où elle va chercher ça ?). “Tu vas me la mettre, ta grosse bite, dépêche-toi, j’en peux plus.” Aussitôt, elle me tourne le dos, s’appuie d’un bras sur la lunette et, passant sa main libre entre ses jambes, me chope les grelots. De voir son cul comme ça et de sentir et voir sa main me tripoter la queue et les noix, ça m’a réveillé. Ma queue est devenue dure comme celle d’un héros de roman porno. Je l’ai pénétrée, j’ai commencé à limer. Elle gigotait dur. Au bout de quatre ou cinq aller retour, voilà qu’elle me demande de l’enculer. J’étais gêné. “On se connaît à peine”, que je lui dis. “Encule-moi, encule-moi vite avec ta grosse bite”, dit-elle. Elle appuyait sur le mot bite et comme elle avait la tête dans la cuvette des W.-C., ça résonnait comme dans une cathédrale. Ça prenait un caractère blasphématoire.

Je regrettais de n’avoir pas reçu d’éducation religieuse, ça m’aurait excité davantage. Là, ça me portait plutôt à la rigolade. J’ai bien failli débander.

Quand j’ai commencé la pénétration rectale (à l’enculer, si tu préfères), elle s’est remise à parler. “Ah... Ah... la bonne grosse biroute !... La grosse biroute dans le trou de mon cul. Dans mon trou de mon cul à moi.” Moi, je limais dur. Je sentais monter la sève.

Doucement, très doucement, puis de plus en plus fort et en imitant la voix d’une fillette, elle s’est mise à chanter : “Dans l’trou d’mon cul-e, dans l’trou d’mon cul-e !” Comme les enfants quand ils chantent : “Tu m’auras pas-e, tu m’attraperas pas-e.”

Avec l’effet de réverbération de la cuvette, c’était quelque chose. J’ai fini par décharger comme bien souvent dans ce genre d’histoire. Ce faisant, j’ai glissé sur le carreau. En m’affalant sur elle, je lui ai complètement enfoncé la tête dans la cuvette. Par réflexe, je me suis raccroché à la chaîne et j’ai déclenché la chasse d’eau. Elle a bien failli se noyer. Une fois l’eau évacuée, de l’entendre suffoquer, je me suis ressaisi. Je l’ai tirée un grand coup en arrière. Mon dos a porté contre la lourde, bang ! Elle s’est mise à hurler, m’a bousculé, a ouvert la porte et s'est barrée en courant dans le couloir à loilpé, les crins trempés.

J'étais là comme un con. La queue raide, le fendard de pyjama sur les talons. La porte était ouverte, y avait du monde. Des malades rameutés par le boucan. Des infirmiers se sont pointés, on m'a embarqué. Cavalcade après la gonzesse.

L'histoire a failli me coûter cher. Huit jours en observation aux fêlés, qu'on m'a mis. Dans le service de la gisquette, justement, mais côté jules. De toute façon, je risquais pas de la recroiser, elle a monté d'un cran. Ils l'ont mise dans la grande taule. Elle a gagné son entonnoir.

Maintenant, je suis revenu aux cirrhotiques. J'ai eu les circonstances après avoir raconté aux psychiatres comment elle m'avait agrafé. Un demi-viol, en somme. Avec moi comme victime. Sans les conséquences, j'aimerais bien me faire violer plus souvent. J'avoue avoir pris mon pinglot.

Le psychiatre m'a cru facilement, j'en revenais pas. Je me voyais plutôt mal barré. Plus tard, j'ai appris qu'elle était là pour ça justement, la grande. Une enragée de la bestiole. Dans l'immeuble où elle créchait, en banlieue, elle coinçait les lascars dans les sous-sols. Elle rôdait dans des parkings souterrains. Elle s'en est envoyé un maximum avant que les bonnes femmes du quartier fassent leur pétition. Ça aurait pu durer jusqu'à ce qu'elle viocquisse, mais elle jouissait trop fort. Dommage pour elle. Dommage pour l'ouvrier qui rentre du turbin et qui range maintenant sa bagnole ou sa mobylette avec le vain espoir de rater le feuilleton à la télé.

Tu veux que je te dise, mon cousin ? S'ils avaient vraiment des couilles, tous les veinards du quartier qu'ont eu droit un jour au bonheur dans le sous-sol, ils iraient ensemble manifester sous les fenêtres de l'hôpital psychiatrique. Avec des slogans en bouche, en pancartes, en calicots : "Libérez la grande !", "Justice pour celle qui nous a fait du bien !", "À bas la répression sexuelle !"

Mais ça risque pas d'arriver. Tous des lâches. Ils regardent le feuilleton.

Et ces salopes de bonnes femmes qui l'ont fait interner. Si elles savaient qu'elles lui doivent le regain d'énergie au pieu qu'ont trouvé leurs julots ! C'est en pensant à la grande qu'ils jambonnent leur mémère. Ils y mettent de l'ardeur. Elles en profitent. Elles lui doivent ça. Repentantes, elles devraient aussi être de la manif... Quelle ingratitude...

La vie, c'est comme ça. Quand ils savent que ça existe et qu'ils en ont les moyens, les impuissants et les frigides vont d'eux-mêmes chez les psychanalystes et ceux qui fonctionnent trop bien se font conduire chez le psychiatre. T'as intérêt à être dans les normes ou discret, mon cousin. Mais profites-en quand même, toi qui es dehors.

T'es jeune, plus jeune que moi, je vais t'affranchir. Calce un maximum, on n'a qu'une vie. Joue des châsses avec les frangines. Pas trop de palabres, elles s'en balancent, droit au but, quand tu le sens.

Les nuits d'amour avec des heures de pistonnage, c'est du roman. Surtout, évite les longs baratins préliminaires. Si l'acte doit durer le temps que se vide un sablier, autant éviter les longs discours, sinon elle aura tendance à se dire : "C'est pour en arriver là que j'ai écouté toutes ses conneries ?" Provoque la relation le plus vite possible. Même si l'acte est court, ce qui compte, c'est l'intensité émotionnelle. Après, tu peux faire briller la philo. Vous êtes détendus ; elle n'attend plus rien, elle est disponible, elle t'écoute, même. Pour la durée du sabrage, je continue mon cours. En gros, tu as le sablier, la face d'un 45 tours, la face d'un 33 tours, et les vantards. C'est pas systématique, t'as aussi les bons jours, mais ça non plus n'est pas systématique... Très rare.

T'as l'âge. Ça compte beaucoup pour la remise de couvert. L'attrait du nouveau, les charmes de la partenaire. Si t'as du mal à bander, te mine pas, dis-toi qu'elle n'est, tout compte fait, pas très bandante.

Faut jamais que ce soit de ta faute. Sinon, tu te méprises, tu te sous-estimes. Pour aimer les gens, il faut d'abord s'aimer soi-même. C'est connu. T'appliques le truc à fond. C'est donc de sa faute. Toi, t'y es pour rien, t'es tellement brillant, étalon, super grand sabreur...

Non, vraiment ! Elle manque de sexappeal. Alors tu pousses plus loin l'autosuggestion. Tu te dis : "Tiens, si j'étais une nénette, comment je les ferais triquer, les lascars... Même les plus ramollis." Tu t'y vois déjà. Tu te vois par le trou de la serrure, nylonné, jarretelé, lascif, désirable. Tu te vois tellement tout ça que tu te mets à bander comme un âne. T'enlaces ta partenaire et tu la plantes, superbe. Tu la fais miauler, râler de plaisir, et même si elle râle pas, tu te dis qu'elle est bloquée, que ça relève de la psychanalyse, mais que c'est pas l'envie de hurler de plaisir qui lui manque.

Tu éjacules en poussant des grognements de bête fauve. Si ça réveille ses gosses qui dorment dans la chambre d'à côté et qu'ils viennent voir, tu les vires à grands coups de pompe dans le cul. Du coup, tu t'aperçois que t'avais gardé tes pompes. Alors t'éclates de rire, elle aussi, c'est pas triste l'amour !

Ensuite, en fumant ta cigarette, t'éprouves la double satisfaction d'avoir tiré ton coup et d'avoir redonné confiance en elle à une femme.

J'aurais encore beaucoup de choses à t'apprendre, mon cousin, mais aujourd'hui, je suis fatigué. Je t'écrirai encore, ici on a le temps.

Chez les picolos, je suis maintenant une sorte de vedette. On m'envie pour l'aventure. On veut que je raconte avec des détails, comment c'était... Ça leur a fertilisé le ciboulot. La branlette bat son plein. Flop ! Flop ! À longueur de nuit. Certains racontent qu'ils s'imaginent tringlant la grande dans les cagoinces. D'autres préfèrent m'imaginer moi d'après ce que je leur ai raconté.

Ces derniers sont sans doute les plus pervers, mais pas forcément les plus mauvais.

Si tu viens, n'oublie pas d'apporter un litre. Apporte aussi des livres, les journées sont longues. Si tu peux m'en trouver un sur les phantasmes, merci d'avance.

À bientôt, mon cousin.

Ton cousin. »

12

ÇA N'ARRIVE QU'À BERNARD BERNOT

Bernard Bernot s'est dégotté une frangine. Ça a l'air bien parti. Il l'a rencontrée dans un grand magasin. Elle venait d'acheter deux tabourets de cuisine et un portemanteau. Elle était plutôt embarrassée pour traîner tout ça. « Je peux vous donner un coup de main ? », qu'il a dit. Il tombait bien.

Jusqu'à la voiture de la dame, il a porté les tabourets. Pour ça, il est serviable. Y a pas à dire. Il avait pas d'autre intention. Arrivé à la bagnole, elle lui a ouvert le coffre et l'a remercié.

– Vous êtes vraiment gentil ; avec mon sac, les deux tabourets et le portemanteau, je ne sais pas comment j'aurais fait.

– C'est tout naturel.

Au moment où elle allait partir, elle s'est aperçue qu'elle avait oublié son parapluie dans le magasin. En riant, elle a dit :

– Vous m'avez troublée. En tout cas, je vous remercie encore.

Elle lui a tendu la main. En la lui serrant, il a ressenti une émotion. Elle a disparu dans le magasin.

D'un coup, à l'idée qu'il ne la reverrait peut-être jamais, il s'est senti tout triste.

– Merde, faut faire quelque chose.

L'attendre, comme ça, il aurait l'air con. Ça fumait dans sa tête. Il a plongé sur la roue arrière, côté rue, a dévissé le chapeau de valve et s'est mis à la dégonfler. À son retour, il était là, près de la bagnole.

Elle lui à souri.

– Vous êtes encore là ?

– Figurez-vous que j'allais partir quand j'ai vu que vous aviez un petit pépin.

Il lui a montré la roue. Elle a baissé les bras.

– Décidément, c'est la journée.

– Bon, vous avez un cric dans la voiture ?

– Je pense, oui. Vous savez, en général, c'est mon mari qui s'occupe de ça. Je n'ai pas l'habitude...

– Bon, ouvrez le coffre, on va bien trouver ça. Faut cinq minutes pour la changer.

– Oh, vous êtes vraiment gentil, mais je ne voudrais pas vous retarder.

– Mais non, c'est tout naturel. Ça doit être là, sur le côté, voilà. Vous le saurez pour la prochaine fois. Y aura pas toujours quelqu'un.

Il se penche et commence à dévisser les écrous.

– Je peux peut-être vous aider ?

– Non, non, laissez, vous allez vous dég... vous salir.

Il tire la roue, la pose contre l'aile et va sous le châssis tirer la roue de secours. Il a du mal. Ça vient pas. Elle s'approche pour l'aider, se penche à son côté. Il sent son parfum. Son parfum est enivrant. C'est fait pour ça. Du coup, il est enivré. Pendant cinq secondes, il ne fait plus rien du tout. Puis il se reprend.

– Laissez, ça va aller.

Une fois la roue changée, elle lui propose d'aller prendre un verre dans un café puisqu'il doit se laver les mains. Il se permet de faire quelques manières. Il en rajoute pour se valoriser.

– Vous savez, je peux aller me laver les mains tout seul. Je ne voudrais pas vous faire perdre votre temps non plus, vous devez être en retard.

– Mais ça n'a pas d'importance, vous savez, mon mari travaille de nuit et nous n'avons pas d'enfant. Personne ne m'attend.

– Si vous insistez...

En se lavant les mains, il regarde sa bobine dans la glace et pense : « Toi, mon petit pote, t'es branché. Faut pas louper l'affaire. »

Il rajuste ses fringues et se donne un coup de râteau. En s'essuyant les mains, il se mire encore et pense au coup de la roue. Ça le fait marrer. « T'es un sacré filou. » Il parle à son reflet. « Un sacré filou. » Il rit tout haut. On entend le bruit d'une chasse d'eau. Quelqu'un est dans les chiottes. Bernard Bernot, réalisant que l'autre a dû l'entendre, se sent un peu ridicule. Il remonte l'escalier vite fait avant d'être vu et rejoint la dame. Elle lui a commandé ce qu'il avait demandé, mais ils ne sont pas encore servis. Un type s'approche de la table, c'est le patron. On le reconnaît à son gilet sans manches sur une chemise crème. C'est lui qui était aux toilettes.

– C'est à vous, cette montre ?

Bernard s'empourpre.

– Heu... Oui.

Le patron la lui tend et le regarde, méprisant.

– Un sacré cinglé, oui...

Et il tourne les talons. La dame regarde Bernard.

– Il vous traite de cinglé parce que vous avez oublié votre montre ! Mais il est pas bien... Ah, bah, ça, c'est fort ! Venez, on va changer de café. Surtout qu'on n'est pas encore servis.

Elle toise le tôlier, furieuse, en sortant...

Autour d'un verre, ils échangent des propos. Elle a travaillé dans des bureaux. C'était plutôt pénible. La mentalité, l'ambiance. Elle ne s'entendait pas avec ses collègues. Trop mesquines. Un jour qu'elle avait demandé une autorisation pour sortir, elle est surprise par la pluie en bas de l'immeuble. Tiens, encore son parapluie. Décidément, il lui en arrive des histoires, avec ses parapluies ! Elle rit de bon cœur. Elle remonte donc pour le prendre. Arrivée près du bureau, la porte était entrebâillée, ses collègues parlaient :

– Elle est quand même gonflée de partir comme ça, sans ranger ses affaires ! Elle laisse tout sur son bureau. Qu'elle compte pas sur moi pour les lui ranger.

– Oh, alors, là, sur moi non plus. Si demain elle a une réflexion par le chef et qu'elle nous demande pourquoi on les lui a pas rangées, moi, je lui dirai : « Ma vieille, on est pas tes bonniches. »

– Vraiment, on se demande pour qui elle se prend. T'en fais pas, les visites à sa mère à la clinique, c'est un prétexte pour aller chez le coiffeur. Moi, si j'étais M. Richet, elle irait chez le coiffeur le samedi, comme tout le monde.

Elle est rentrée brusquement dans le bureau.

– Je vois qu'on parle dans mon dos. De toute façon, vous n'aurez plus à me jalouser : demain, je demande mon compte.

Ça tombait plutôt bien, ça faisait un moment qu'elle en avait marre. Ça lui a fait un prétexte pour partir. Il comprend tout ça, Bernard Bernot. Et il l'approuve. À son boulot, c'est pareil. Il a bien envisagé de changer de maison, mais pour retrouver la même chose moins les avantages de l'ancienneté...

Elle se lève et s'absente pour aller aux toilettes. De son sac dépasse une revue. Il la prend et la feuillette. Il y a un roman-photo. Il lit quelques bulles au hasard, autour des photos. On voit un gros plan sur un type à l'œil sombre. La légende dit : « Le remords le plus aigu le saisit à l'improviste comme une rafale de vent brûlant. » En dessous, une flèche fait parler le type : « J'étais la chose la plus importante de sa vie et je l'ai déçue. Je ne lui ai donné que des soucis. » Bernard sourit. Des pensées lui viennent. Elle n'est pas la chose la plus importante de sa vie, mais elle n'a pas à se faire de souci, elle va pas être déçue. Il se trouve délicieusement prétentieux. En fait, il joue à se dire des blagues. Il sourit de plus belle. Là-dessus, elle arrive.

– Qu'est-ce qui vous fait rire ? C'est la chanson ?

Le juke-box fait son boulot. Il acquiesce et elle s'enthousiasme.

– J'aime beaucoup Annie Cordy. Elle est marrante et naturelle. Si un jour vous venez à la maison, je vous la ferai écouter, j'ai presque tous ses disques.

Chez elle, il y va demain soir. Elle habite Argenteuil. Un pavillon. Son mari travaille de nuit.

– Hep !

C'est Bernard Bernot qui vient de faire « Hep ! » Il prend le taxi.

– Vous pouvez m'emmener à Argenteuil ?

– Argenteuil ? Allons-y !

– Je peux fumer ?

– Vous pouvez y aller, je suis fumeur moi-même. Je fume même un peu trop. Ça fait cinq heures que je suis dans la voiture, et regardez le paquet ! Je vais bientôt en entamer un autre. Ah, celui qui a la volonté de s'arrêter, moi je dis chapeau ! Mais on est tous pareils. Vous comprenez, tant que le toubib a pas sonné l'alarme, on tire sur le mégot. J'ai un collègue, le toubib lui a dit : « Si vous n'arrêtez pas, je vous donne pas un an. » Là, c'est pas la même musique. Ça donne à réfléchir... Enfin, j'ai passé la visite y a pas longtemps, y m'ont rien dit. Non, celui qu'est fumeur, moi je comprends. Je vais pas l'empêcher. Le client qui monte dans la voiture, il est là pour se détendre. Tout ce que je demande, c'est qu'on fasse gaffe à mes sièges.

Il se tait un moment et sifflote. Bernard croit reconnaître « O cangaceiro ». Puis il reprend :

– Ceux qui sont emmerdants pour ça, c'est les Martiniquais. Alors, là, ceux-là, faut se les farcir. Moi, j'en prends plus. Surtout les bonnes femmes. Ça fume des blondes, déjà que j'ai horreur de ça, et en plus ça fout des cendres partout. Les cendriers, vous parlez si elles s'en foutent ! Et puis alors, allez leur dire quelque chose... C'est qu'elles vous prennent de haut ! Moi, je respecte le client, mais faut pas qu'y m'emmerde. Tenez, un jour, j'en prends deux dans la voiture. Y en a une qui me dit : « Richard-Lenoir. » J'ai bien entendu. Logiquement, je les emmène au boulevard. Arrivé là-haut, je demande le numéro. C'était la rue qu'elles voulaient ! Vous auriez vu cette vie qu'elles m'ont faite ! Vous pensez, déjà qu'elles ont le complexe, dans leur pays c'est elles qui commandent ! Bref, je fais le tour et je les emmène à la rue. J'avais dix-huit au compteur. Y en a une qui dit à l'autre : « Donne-lui douze francs. » Ah, la morue !!! J'ai dit : « Madame, c'est malheureux à dire, mais c'est toujours avec les gens de couleur qu'on a des emmerdements... » Depuis, y peuvent faire signe. Ah, j'en prends plus ! D'un autre côté, je sais bien qu'il y a des taxis qui abusent. Surtout les Portugais. Eux et les anciens pieds-noirs. C'est les plus gangsters. Même avec leurs compatriotes, ils sont encore plus voleurs qu'avec les Français. Ils les attendent aux gares. Vous comprenez, celui qui débarque pour la première fois, il préfère se fier à quelqu'un de chez lui. C'est normal... Manque de bol, il se fait entuber de première... Les pieds-noirs, eux, ils sont spécialistes des grands hôtels et des aéroports. Quinze sacs pour venir de Roissy, vous allez pas me dire, quand même... Et puis, attention, ils ont leurs places ! Faut pas y venir. L'autre fois, je me mets en station à Montparnasse, y en avait un. Je me gare derrière. Y descend et y vient me dire de me tirer. « Qu'est-ce que tu viens faire ici ? », qu'y me dit, « on te voit jamais ». Alors, là, je lui ai sorti le machin (il montre un Pradel) : « T'as pas intérêt à la ramener, toi, parce que tu vas te retrouver avec ça dans le cœur ! » Vous en faites pas, il a renquillé dans sa bagnole vite fait. Non mais ! Je paye mes impôts, je paye mon essence ! Y vont pas venir faire la loi. Si on se laisse entuber, on a plus qu'à crever, alors ! Moi, je vais pas les faire chier dans leur pays. Non mais, vous comprenez, là-bas, y la sautent. Rien à claper, pas de boulot. Alors ils arrivent ici, on leur donne ça et ils veulent ça... « Tire-toi, c'est ma station personnelle », qu'y disait. Comme j'y ai dit : « D'abord, c'est un pléonasse. » Évidemment, il a rien compris. Les pieds-noirs et le français... Moi, quand j'étais môme, à l'école, ma marotte, c'était la grammaire. C'est des trucs que j'ai retenus. Par exemple, vous dites : « Il la coince dans un coin », c'est un pléonastre. Et si vous dites : « Il la coince dans un coin et il l'encule par-derrière », c'est un double pléonasse. Vous allez me dire, je prends des exemples un peu grossiers. Mais c'est parce que j'en ai pas d'autres qui me viennent. J'espère que vous n'êtes pas choqué.

– Non, non, ça va. Mais alors, si on met trois fois le même sens, c'est encore un pléonasme ?

– Comment ça ?

– Si, par exemple, on dit : « Il chie de la merde avec son cul. »

– Oh, alors, là, vous me posez une colle. « Il chie de la merde », ce serait bien un pléonasse, mais là, effectivement... Faudra que je regarde. J'ai des bouquins... Mais c'est curieux, la langue française.

Regardez, s'il vous manque une jambe, vous êtes unijambiste. S'il vous manque les deux, vous êtes cul-de-jatte. Par contre, qu'il vous manque un ou deux bras, vous êtes manchot. Unibrasiste, ça n'existe pas. Rien dans les dictionnaires. Un œil en moins, on est borgne. Deux, aveugle. C'est juste pour les bras que ça cloche.

– Bah, écoutez, il y a le nez, aussi.

– Le nez ?

– Oui, qu'on ait une ou deux narines de bouchées, on est enrhumé.

– Ah, mais, vous savez que j'aimerais bien discuter avec vous plus souvent ! Vous allez dans quelle rue, à Argenteuil ?

– Rue Maurice-Thorez, au 23.

– Ah, bon...

– Vous allez trouver ?

– Ça, je risque pas de me tromper, je suis né dans le coin.

Le taxi stoppe devant le pavillon.

– Vous devez être bien dans une maison comme ça.

– Oui, pas mal.

– Ça revient pas trop cher ?

– Pas trop.

Bernard paye, donne un pourboire et salue le chauffeur.

– À la revoyure !

– Ah, ça, j'y compte bien !

Il monte les trois marches et sonne. La dame lui ouvre, en robe légère. Le même parfum. Ils se jettent dans les bras l'un de l'autre. C'est une grande histoire d'amour qui commence. Ils sentent leur cœur battre. La chambre n'est pas loin. Les vêtements volent aux quatre coins de la pièce. Quel empressement ! Comme c'est beau ! La porte s'ouvre brusquement. Le chauffeur de taxi se tient dans l'encadrement, un revolver à la main.

– Salope ! Y a longtemps que je flairais le coup. Et toi, ordure ! « Pas trop », qu'y disait ! Ah, que si qu'y va te coûter cher, le pavillon !

Il tire deux balles. Les amants s'écroulent. Bernard est mort. Denise aussi. Un peu plus et on ne savait même pas son prénom.

13

VALENTIN-LA-TATA

C'est une tante, le tôlier du « Jockey Bar »... Une vieille tante. Il s'appelle Valentin. Les clients disent : Valentin-la-tata. Jamais devant lui... Toujours par-derrière. Il n'aime pas qu'on aborde le sujet.

Dans son troquet, il y a une terrasse couverte, la salle du bar et une arrière-salle avec table de ping-pong. Faut l'entendre gueuler quand les clients foutent des coups de raquette sur la table : « C'est fini, oui !... Tout à l'heure, je vais remballer le pin'pongue, ça va pas traîner, vous allez voir ! »

Ce sont les plus jeunes clients qui jouent au ping-pong. Ils n'ont pas beaucoup d'artiche. Restent tout l'après-midi sur un demi ou un diabolo. Ça le fait renauder : « Si j'avais que des clients comme ça, j'aurais pus qu'à fermer la boutique. » Ça ricane dans la salle du fond. « C'est ça, foutez-vous de ma bille ! » (Il dit ma bille) « Vous n'avez pas soif ? » C'est de l'ironie. Et avec un clin d'œil à un client du bar : « Tiens, on les entend plus ! »

Il a un bon fond, Valentin... Mais alors, quel gueulard ! Les flippers, le Baby-foot, les appareils à cacahuètes, il a horreur qu'on les secoue. « Si ça continue, je vais faire enlever tous les appareils... De toute façon, pour ce que ça rapporte... »

Pour aller pisser, il faut passer par la salle du ping-pong. Il y a des chiottes dans la cour. Le long de la palissade qui le sépare du voisin, il a planté des géraniums. Évidemment, les mecs pissent tous dessus.

Quand il en chope un, ça chie des bulles. Il retourne au bar rameuter deux ou trois piliers lèche-cul qui s'empressent de lui filer un coup de pogne pour virer le criminel. Pour se faire payer des gorgeons, ces mecs-là sont prêts à toutes les bassesses. C'est fou ce qu'ils peuvent faire pour rester dans les papelards d'un taulier de rade. En bottant le fion du lascar qui vient d'arroser les géraniums, ils invoquent des raisons d'hygiène et de respect des choses. Tu parles, à la première occasion, un tantinet schlass, ils font trois fois pire dans une autre crémerie. Ils pissent contre le bar. C'est le genre.

Valentin les flatte : « Merci, les gars. Va falloir que je fasse une sélection. Y a trop de voyous ici. Qu'est-ce que tu bois, Robert ? Et toi, Dédé ? »

– Non, laisse, Valentin. On te rend service, c'est tout. On veut rien.

– Ah, si !... Vous allez boire un coup, ça me fait plaisir. Pastis ?

– Bon, allons-y pour du pastaga, si ça te fait plaisir...

Il aime les plantes, le Valentin. Une fois, la patronne d'un autre trocson était passée par chez lui un soir de java. Comme ils étaient assez potes, ils ont vidé quelques boutanches. En fin de nuit, y avait de la viande saoule. Elle et ses acolytes sont rebarrés en emmenant une grande plante verte en pot. Il ne s'en est rendu compte que le lendemain, mais comme les autres avaient fait la fermeture, ça ne faisait pas de doute. À la première heure, il a pris le bigo. « Allô, c'est Nono ?... Passe-moi ta patronne !.. Eh bien réveille-la ! Allô, Yvette ? Je te préviens, si à midi t'as pas ramené ma plante, on va en justice !... Fais pas l'étonnée, Yvette, je t'en prie... Si à midi, tu m'entends, à midi pile, ma plante n'est pas à sa place, j'appelle Maître Thienot et je porte plainte... Et t'en fais pas, j'en ai à dire... Et plus que tu crois. »

Elle bagoule un moment... Il redémarre : « Yvette, ça, c'est ma vie privée... Tu peux te faire sucer tout ce que tu veux par qui tu veux, je ne t'attaque pas là-dessus, alors je t'en prie ! T'as de la veine que j'ai des clients, tu m'aurais entendu. »

Il raccroche. Les flippers reflippent, les conversations reprennent. Tout le monde était au théâtre. Il s'en rend compte. En guise de vanne à la clientèle, il dit à son barman : « Gérard, faudra qu'on fasse installer une cabine, ou un poste dans la cuisine. »

L'histoire a duré au moins six mois. L'autre n'a jamais ramené la plante. Sûr qu'elle a pris quelques vieux coups pendant le transport et a dû finir dans une poubelle. Pendant les six mois, presque quotidiennement, dès qu'il commençait à être remonté au jaja, il demandait à son loufiat d'appeler Yvette : « Gérard, fais-moi le numéro d'Yvette. » Dans les moments de grosse torture, c'était : « Gérard, appelle-moi l'autre vache. »

Au fil, ils ne parlaient même plus de la plante. « Alors, saucisse ! J'espère que ta comptabilité est en règle... Tu vois ce que je veux dire... De ce côté-là, je suis tranquille... Non madame ! J'arrose pas les poulets, je suis en règle, c'est tout... Moi non plus j'ai pas le temps... Tu sais ce qu'il te dit, le vieil enculé ?... C'est ça... Et toi, va te faire pète-pète dans les didis. » Tout ça à voix basse, aigre-doux, à cause des clients. Après avoir raccroché, il fume encore un peu. « Ah ! La vieille morue ! » Il s'en prend au loufiat : « Reste pas dans mes pattes ! Y a des clients à servir ! » Puis aux clients du ping-pong : « Allez !... Tout le monde dehors, pas de bordel ici ! Vous vous croyez où ?... Chez Yvette ? »

Le loufiat, en fait, c'est sa poule. Un jeune pointeur de la jaquette. Il a une bonne place, il est là pour l'artiche. Valentin n'aime pas que ça se sache mais, une fois ourdé, il contrôle plus sa menteuse. Il plaisante là-dessus. « Fais ton boulot comme il faut, sinon je supprime ton fixe. Normalement, t'es aux pourboires, le fixe, c'est en sus, si tu veux croquer, faut que tu me suces. » Celle-là, c'est sa préférée. Il la balance à l'intention des clients. On a le droit de pouffer. Il est de bon poil. Le loufiat vire pivoine. C'est un timide en flagrant délit de tabou. Il sait que les clients ne le respecteront plus. La plupart sont des petits friteurs, manuts en usine. Ils n'ont que le coup de poing pour se distinguer. Un soir, pendant que Valentin était parti au tabac, ça a swingué. Pour une broutille, un verre renversé et cassé qu'on voulait lui faire payer, un mec s'en est pris à Gérard. Il l'a chopé par le colbaque : « Tu veux me faire payer le verre ? À moi ? Petit enculé ! J'te paie en nature, moi, si tu veux ! Je t'encule, j'te fourre, mais faut que tu jouisses, que tu dises merci, sinon je te tire les oreilles moi, p'tit connaud. »

« Lâchez-moi ou j'appelle la police ! » « La poooolice, tu veux appeler la poooolice, faudrait déjà que je te lâche, pédé de mes couilles ! » Ça bardait. Quand Valentin est arrivé, le loufiat avait déjà pris un coup de boule sur le pif. Le mec aurait jamais osé faire ça à Valentin. Pas qu'il le respecte, mais toujours l'angoisse d'être tricard au Jockey. C'est le seul bar à rester ouvert tard. De toute façon, il avait quand même été trop loin. « Fous-moi le camp, a dit Valentin, ou je fais le central. » Il avait la main sur le téléphone. L'autre, voyant que c'était râpé, a mis le paquet avant de partir : « Tu vois, Valentin, ton loufiat, je voulais l'enculer, je voulais lui donner du bonheur, y fera tintin ! J'aurais trop peur de choper une chaude-pisse merdeuse. Tu peux te le fourrer toi-même. Et allez tous les deux vous faire ramoner par les crouilles ! »

« Va-t'en, voyou ! » Il avait commencé à composer le numéro, l'autre est parti. Après l'histoire, un petit groupe discutait un peu à l'écart du bar pendant que Valentin servait tout seul. Le serveur était rentré chez lui avec une compresse sur le pif. Ça causait pédalerie. « C'est marrant, Richard, toi, tu défends les pédés, je comprends pas. » « J'les défends pas, je dis que tant qu'y m'emmerdent pas, c'est pas mes oignons, je leur fous la paix. » « C'est pas TON oignon. » « Hi hi hi ! T'es quand même un vrai déconneur, toi !... » « Non, mais je disais, le mec qui veut se faire enculer, c'est son droit. Y a pas de raison de le faire chier. Autre chose... Pour moi, c'est quand même moins grave d'enculer que d'être enculé. C'est tout... Les mecs qu'ont fait l'Indo, l'Algérie, tout ça, y tronchaient n'importe quoi... Des cochons, des ratons, des petits garçons, des chèvres, des canards ou des cactus. Fallait bien qu'y tringlent, les mecs... La branlette, ça va bien un temps. » « Alors, si un mec vient te proposer la botte, qu'est-ce que tu fais ? » « Bah, j'y colle ma main dans la gueule puisque je te dis que... » « Hé, pourtant, tu dis que t'en veux pas aux enculeurs, tu dis que c'est moins grave. » « Oui, mais si on veut m'enculer, moi, c'est grave, tu comprends ? » « Ah, oui, d'accord... Bon, on reboit un coup ? » « C'est fini, messieurs, on ferme. » « Juste un petit demi, merde, Valentin... fais pas la vache ! » « C'est fini, c'est fini, vous reviendrez demain. »

Une fois dans la rue : « Il aurait quand même pu nous servir un demi, l'enfoiré ! »

« Tu vois, Richard, les pédés, pointeurs ou pointés, c'est quand même bien tous des enculés. »

14

CONGÉS PAYÉS

– Écoute, Roger, les gosses ont soif, faut qu'on s'arrête !
– On s'est arrêtés à Dijon, on s'arrêtera à Lyon, j'ai fait mon plan, c'est trop tard... Sinon, on va arriver au camping à la nuit, et ça va être la merde pour monter la tente. Surtout que t'es jamais foutue de me donner un coup de main.

– T'es marrant, toi ! Un coup de main ! C'est toi qui vas surveiller les gosses, peut-être ?

– Écoute, on va pas revenir là-dessus ! Les gosses, c'est ton truc ! Moi, je ramène la paie ! Si t'es pas contente, à la rentrée tu prends ma place, tu te lèves à six plombes et tu vas à l'usine. Y a rien à faire, faut toujours que tu remettes ça sur le tapis. Je demande qu'un truc, qu'on me fasse pas chier pendant mes vacances ! C'est tout ! Tiens, sors de la monnaie pour le péage ! Grouille-toi !

– Ah !... Grouille-toi ! Grouille-toi ! T'es marrant, toi, je ne trouve plus mon porte-monnaie. Je te l'ai donné quand on a pris de l'essence. T'as dû le mettre dans ta poche.

– Dans ma poche ! Depuis ce matin, je suis en short. Tu vois bien que j'ai pas de poche, bordel de Dieu ! Allez, cherche vite ! On fait attendre tout le monde.

– Mais enfin, Roger, je ne l'ai pas. Je suis sûre de te l'avoir donné !

– Mais où il est, alors ? Je ne me le suis quand même pas mis dans le trou du cul, bordel de bordel !

– Roger !... Les enfants !

– Oh, les enfants, ils en entendent d'autres dans la rue, t'en fais pas, y sont pas en retard !

– Tiens, le v'là, le porte-monnaie ! Il était sous la carte.

– Donne !... Trois sacs ! Y se font pas chier ! C'est vraiment la pompe à fric, l'autoroute. Bande de voleurs !!!

– Il y est pour rien, Roger. C'est un employé.

– C'est pareil. Il bosse pour une bande de voleurs. Tiens, tu ferais bien de remettre ta ceinture, si y a les flics dans le coin, on est bons pour allonger dix sacs ! Si ça continue, toutes les conneries additionnées, on sera sur la paille avant d'arriver sur le sable, ah ah ah !

– Bah, qu'est-ce qui te prend ? Pourquoi tu ris ?

– La paille ! Le sable ! Faut te faire un dessin ? Ah, l'humour, c'est pas ton fort ! Et dire qu'on part pas avec M. Jeanroy parce que t'aimes pas sa bonne femme. Avec lui, au moins, je me serais fendu la gueule. Faudra toujours que ça déconne quelque part à cause des bonnes femmes ! Dimitri ! Karine ! Arrêtez de gigoter, vous me gênez ! Je vois pas ceux qui veulent doubler. Dis-leur de se tenir tranquilles, parce que ça va aller mal tout à l'heure !

– Ils sont énervés, Roger. C'est la chaleur.

– La chaleur ! La chaleur ! On se la tape tous, la chaleur. Est-ce que je suis énervé, moi ?

– On peut pas dire que t'es calme. T'arrêtes pas de râler. Ça promet, les vacances. De toute façon, ça change pas, tu râles tout le temps.

(Tuuut !)

– Vas-y, double si t'es pressé. Ah, c'est des ratons. Cinq dans la bagnole. Comme tu les vois là, ils retournent chez eux. Là-bas, ils vont refourguer la 403. Ça vaut de l'or dans leur pays. T'en fais pas, ils savent se démerder. Ils ont plus de pognon que nous.

– Faut bien qu'ils nourrissent leur famille. Je ne vois pas ce que tu leur reproches.

– Je leur reproche d'être fainéants, voleurs et vicelards. Je sais de quoi je parle, y en a plein à l'usine. Et n'oublie pas que j'ai fait l'Algérie. Toi, pour parler de ce que tu ne connais pas, tu te poses là. T'es prête à défendre les plus pourris rien que pour me contredire. Karine, tiens-toi tranquille ou tu vas prendre une fessée !

– S'ils étaient fainéants, ils n'iraient pas à l'usine.

– Mais ma pauvre Jeanine, à l'usine ils tirent au cul. Perdent pas une occase de se faire porter pâles. L'hiver, y en a plein les hostos. Et qui c'est qui raque ? Les bons cons comme toi et moi. Pourquoi on paie des impôts ? C'est pour ça. Faut tout t'expliquer. En attendant, t'as vu le prix de l'essence ? Y a quelques années, on descendait sur la Côte pour quatre fois moins. Ça va bientôt coûter aussi cher que le cognac ! À qui on le doit, ça ? Aux Belges, peut-être ?

– Ce ne sont pas les Arabes qui travaillent dans ton usine qui décident du prix du pétrole.

– C'est bien ce que je disais, t'es prête à leur trouver toutes les excuses pour ne pas me donner raison. J'aime mieux pas discuter. Ah ! Les informations... Un peu de silence, derrière, je voudrais bien écouter.

Merde ! Il pleut dans le Sud. Tu vas voir qu'on va avoir un temps pourri. On va pas y couper. On a rôti au turbin, on va se les geler en vacances. Et allons-y les augmentations ! Conséquences de la sécheresse ! Elle a bon dos. Pendant qu'on va renifler sous nos tentes, les pieds dans la gadoue, ils vont nous annoncer toutes les augmentations dues à la sécheresse. Tu comprends pourquoi je fais de la politique, pourquoi je me suis inscrit au parti ? Pour virer tous ces incapables qui nous gouvernent. On peut espérer mieux.

– Je ne te reproche pas de faire de la politique. Je te reproche d'avoir appelé les gosses Dimitri et Karine comme ceux de ton délégué de la C.G.T. Tous les gosses du parti ont des noms russes. On n'est pas en Russie !

– Premièrement, la fille de Jeanroy ne s'appelle pas Karine, mais Natacha. Deuxièmement, on va pas rediscuter de ça, tu me le ressers à la moindre occasion. On ne peut pas les rebaptiser. Fallait t'y opposer à leur naissance.

– Tu ne m'as pas laissé le choix !

– Chut ! Tais-toi, tais-toi, c'est les sports.

Merde !... Pas un Français à l'étape. C'est mal parti. Ça doit être dur, par cette chaleur ! Tiens, v'là des mecs que j'admire. Quarante degrés, ils grimpent des cols. Tu peux pas imaginer ce que c'est dur. Chapeau, les mecs !

– Oh, dis, y sont pas obligés.

– Peut-être, mais en attendant, faut le faire.

– Faut le faire...

– Oui ! Oui ! Faut le faire ! Une étape de cent trente bornes avec un col par cette chaleur, crois-moi, faut pas que ça soit des rigolos.

– Si ça leur plaît de s'abîmer la santé, c'est leur affaire. Moi, je sais que je le ferais pas.

– Forcément que tu le ferais pas, feignasse ! Ah, je te vois bien avec ton gros cul sur un vélo ! Tu ferais pas dix mètres, faudrait aller te ramasser.

– Non mais, Roger ! Tu t'es vu ? T'oublies que tu pèses quatre-vingts kilos et que tu n'es pas grand. T'as vu ton ventre ?

– Et alors ? Comme on dit : « Vaut mieux faire envie que pitié. »

– Ah, parce que tu crois que tu fais envie ? Tu ne fais ni envie ni pitié. T'es imposant et tu gênes. De ce côté-là, je suis tranquille : tu ne risques pas de me tromper avec des minettes. Pas de danger que tu les charmes !

– Bon, maintenant, Jeanine, tu fermes ta gueule ! Crois-moi, t'as plutôt intérêt à la fermer ! M'oblige pas à dire des choses désagréables devant les gosses.

On va s'arrêter là. Vous allez faire tout : pipi, caca, boire, manger ; après, on fait le reste d'une traite. Dimitri ! Tu crois que je te vois pas ? (Flac !) Ah, le petit fumier !

– Mais enfin, Roger, pourquoi tu le tapes ?

– Je l'ai vu ! Il se récure le nez et s'essuie après mon siège. Je vais t'apprendre la propreté, moi, petit dégueulasse ! Qu'est-ce qu'on t'apprend à l'école ? On t'a jamais parlé de l'hygiène ? Qu'est-ce qu'il t'apprend, ton maître ? Ton gauchiste de maître, avec ses grands cheveux dégueulasses. Il t'apprend rien, évidemment. Il laisse faire. Tu peux chier sur la table, il s'en fout ! Tu peux décorer toute la classe avec tes bêtes de nez. Méthode moderne ! Ah, je vois ça d'ici, ça doit être beau, la classe ! Un vrai chantier. Quel monde on nous prépare ! Elle va être belle, la France ! Un vrai pays de cradingues ! On se sera cassé le cul pour rien. Allez, descends ! Arrête de renifler, parce que je vais t'en remettre une.

– Roger... Il est petit.

– C'est ça, défends-le ; dans dix ans, il te foutra sur la gueule. Ce sera ta récompense. Regarde-moi ça ! Il est noir de la tête aux pieds. On n'est pas sorti de bagnole, il est déjà sale comme un cochon. Mais qu'est-ce qu'il a foutu ? Emmène-le à la fontaine du parking. Lave-le. Il pue. Je vais dégueuler.

– Oh, n'exagère pas !

– Bon, tu t'en occupes. Moi, ça me regarde pas. C'est pas moi qui lave les fringues. De toute façon, ils pourraient foutre le feu à la bagnole que tu leur donnerais quand même raison. On va s'installer là. Y a une table libre. Je vais lever le capot, ça fera du bien au moteur. Sors le panier, on va manger un peu.

– Bon, ils ont les mains propres ?... Karine, tu veux du jambon ou du pâté ?

– Une banane.

– Tu vois, Jeanine, après tu diras que je gueule pour rien. C'est de la contradiction gratuite. Si je lui demande si elle veut un coup de pied au cul ou une claque sur la gueule, elle me répondra « un coup de genou dans le ventre ». Tout est comme ça. Pour faire chier. C'est les gosses de maintenant. Faut de la patience !

– Mais laisse-les manger ce qu'ils veulent ! D'ailleurs, j'aime pas trop qu'ils mangent des charcuteries. Je préfère qu'ils mangent des fruits.

– Mais tout ça c'est la même merde. Les fruits sont traités, les sirops colorés. De la merde ! Rien que de la merde ! J'aime mieux bouffer de la charcuterie. Celle-ci, je l'ai achetée chez Chareton. Quinze ans que je me sers chez lui. Il la fait lui-même. Y met pas de vacheries dedans.

– Tu crois ça ?

– Puisque je te le dis.

– N'empêche que les gosses, ça leur donne des boutons.

– C'est pas la charcuterie. C'est parce qu'ils ne se lavent pas les mains.

– Roger, tu dis n'importe quoi.

– Ben voyons. J'te dis, j'me demande pourquoi je discute. Regarde-moi l'autre ! Tu peux pas boire proprement, non ? Quand c'est pas l'un, c'est l'autre ! Elle va être belle, la robe !

– Ça ne tache pas, c'est du sirop sans colorant. D'ailleurs, on n'en trouve plus avec colorant. On en voudrait qu'on n'en trouverait pas.

– Ah, et tu me reproches de dire n'importe quoi ! Bon, il est temps de partir. Allez vous relaver les mains, je veux pas de cochons dans ma voiture. Ouste !

– Bon, on se dépêche !

– Attends, Roger, je n'arrive pas à fermer le coffre.

– Ça, j'en étais sûr, j'avais tout rangé au poil. Il a fallu qu'on me foute le bordel. Regarde comment t'as mis le panier ! Je l'avais coincé entre la télé et la glacière, tu l'as remis au-dessus. Comment veux-tu que ça ferme ? Et qu'est-ce qu'on a besoin d'emmener toutes ces conneries de jouets ? Y en a partout ! Trois poupées ! Deux ballons ! Et toutes les petites merdes ! Au fait, t'as pris les boules ?

– ...

– Ça y est, elles sont restées sur le trottoir. Je ne peux compter que sur moi-même. Ah, ça ! Toutes les petites vacheries, les bonbons, les chariots, pas de danger qu'on les oublie ! On les entasse ! Y en a partout. Seulement, mes affaires, on s'en branle !

– Si elles sont restées sur le trottoir, peut-être que M. Paillard les aura ramassées ? On les retrouvera à la rentrée.

– M. Paillard ! Tu parles que le père Paillard va me rendre mes boules ! Lui qui écrase exprès nos poubelles avec sa bagnole quand elles sont trop de son côté. S'il les trouve, il va les refourguer ou les donner à son neveu, le vieil emmanché. Tu rêves, ma pauvre Jeanine !

– On en rachètera là-bas, qu'est-ce que tu veux que je te dise...

– Allez ! on y va !...

– On dira ce qu'on voudra, mais c'est quand même de la bonne bagnole. J'ai pas remis une goutte d'huile. Quand je pense à ce con de Fressard qui voulait me faire acheter une Renault. T'as vu la sienne ? Trois fois au garage cette année ! Non, y me font marrer, moi, les mecs ! Ça sait toujours tout. Seulement, si tu les écoutes, tu te fais refaire. Le problème, c'est qu'y savent pas conduire une bagnole. Ça se ménage, une bagnole. C'est pas un jouet. Faut déjà choisir une bonne marque. Ensuite, faut conduire en souplesse et pas oublier l'entretien. Sinon tu bouzilles tout. Va leur faire comprendre ça !... C'est comme l'autre, avec ses bagnoles italiennes. Comment y s'appelle, celui-là ?... Hé, dis ! Tu m'écoutes pas ?

– Hein ? Si !

– Ah, c'est la meilleure ! Je cause, je cause et madame roupille. Ça t'intéresse pas ce que je raconte ? Que tu ne passes pas ton permis, d'accord ! Moins y aura de femmes au volant, mieux ça vaudra. Mais tu pourrais au moins me soutenir. Alors, si je m'endors aussi, moi ? Qu'est-ce qu'on devient ? On va dans le décor ?

– Je suis fatiguée, Roger.

– Et moi, je suis pas fatigué, peut-être ? J'ai cinq cents bornes dans les bras et pourtant je dors pas. Regarde-moi l'autre enfoiré ! Une queue de poisson ! Toi, mon fumier, je vais te rebaiser ! Il a un « 90 » sur sa bagnole et il fonce comme un dingue. Prends le numéro ! Je le signale aux flics ! C'est un danger.

– T'énerve pas, Roger. Tu me fais peur. Tu vois bien que tu ne peux pas le rattraper.

– Le petit con ! Ça vient d'avoir son permis et ça roule dans une caisse à deux briques passées. Fils à papa ! Merdeux ! Graine de capitalo ! Y perdent rien, ceux-là ! Crois-moi, on leur fera la peau. Y cireront nos pompes. Le jour viendra. Si y avait pas toutes les pommes comme toi pour tout leur pardonner, y a longtemps que ce serait fait. Rayés ! Aux fers ! À la bascule, même ! La place serait nette. On respirerait.

– Roger, faudrait arrêter, le petit est malade.

– Arrêter ! On est sur l'autoroute. On s'arrête pas comme ça. Faut un parking. Qu'est-ce qu'il a ?

– C'est la voiture. Tu sais bien que ça le rend malade. T'as été trop vite.

– Mais je me gourre pas, ça sent le dégueulis ! Il a gerbé dans la bagnole, le petit sagouin ! Vite, un parking ! C'est le bouquet ! Vous m'aurez tout fait. Y pouvait pas se retenir, non ? Ça suffit pas, les bêtes de nez ! Faut qu'il dégueule en plus. Regarde-lui le cul, ça serait pas étonnant qu'il ait chié. C'est même le contraire qui serait étonnant, comme il est parti là. Jeanine, t'es responsable ! T'aurais dû faire gaffe. Ça va fouetter dans la bagnole jusqu'au bout. J'en ai marre ! Plein le cul ! La famille, c'est l'agression. Persécution. Je devrais me tirer, tout larguer ! Vous laisser là ! Continuer avec un routier ! Je suis trop bon. Je me gare ici. Je vais boire un coup. Tu te démerdes pour nettoyer tout. Si je continue de renifler dans le coin, je vais gerber aussi. Ah, ça commence bien, les vacances ! Quelle idée, aussi ! Vive le turbin ! L'usine ! Les chefs ! Des saints, les chefs ! Un paradis, l'atelier. On se gourre drôlement, à partir comme ça. On s'use plus qu'en cinq piges de charbon. Mais qu'est-ce que t'as à me regarder comme ça ? Allez, remue-toi !

– Roger, je sais pas quoi te dire. Tu ne devrais pas t'emporter comme ça, tu sais que c'est pas bon pour ton cœur. J'ai peur que tu aies une attaque.

« Malheureusement, il a pas eu d'attaque.

– Et les vacances ?

– Pareil. Même ambiance. D'un bout à l'autre de l'année, c'était pareil. Et toutes les années. À quinze ans, je me suis tiré. Tout largué. Lycée, famille. C'est une tante sympa qui m'a planqué. Elle leur rendait visite de temps en temps pour voir l'état des choses. Ma mère pleurait souvent. Il m'avait mis les flics au cul. J'étais un monstre qui torturait sa maman. Si on m'avait retrouvé, il m'aurait collé dans une taule d'adolescents. J'ai écrit à ma mère plusieurs fois pour la rassurer. Elle a réussi à le convaincre de demander aux flics d'arrêter les recherches. J'ai seize ans. Je fais de la poterie et je travaille un peu le cuir. C'est pas le pied, mais je m'en sors. Le soir, je donne un coup de main aux machinistes dans un théâtre. C'est mal payé, mais intéressant. Hier, j'ai perdu mon pucelage. Qu'est-ce que tu bois ? »

15

TÊTE DE MULE

– Si je trouve encore un cheveu, tu m'entends, un seul, sur la machine à jambon, ta sœur est virée.

– Mais, Robert... Tu t'énerves. Ça peut être des cheveux des clients portés par les courants d'air.

– Non ! Non ! Non et non ! Chaque fois qu'elle se sert de la machine à jambon, je retrouve des cheveux gris collés partout. Toi, tu la défends parce que c'est ta sœur, tu la défends quoi qu'elle fasse. Elle pourrait y mettre des poils de cul, des ongles de pied ou des crottes de nez, tu dirais que c'est le vent. C'est une dégueulasse, ta sœur ! Voilà tout ! Tu ne veux pas t'en faire une raison. C'est pourtant comme ça. Moi, j'en ai marre. Pourquoi elle est pas restée en Dordogne ? Elle avait toutes ses habitudes, là-bas. Ici, elle tourne en rond et elle fout la merde. Faudra qu'elle s'adapte ou qu'elle s'en aille. Ici, on est civilisés. On connaît l'hygiène. T'as vu sa chambre ? Le bordel ! Le chantier ! C'est pourtant pas difficile de donner un coup de balai de temps en temps et de ranger un peu. À croire qu'elle se plaît dans la fange. C'est pas étonnant qu'il l'ait quittée, l'autre, là, je le comprends. Quand je pense qu'elle est chez nous pour chercher à se recaser ! Faut voir comment elle détaille les clients, j'en suis gêné. Qu'est-ce qu'elle a besoin de vouloir se marier à nouveau ? On se marie plus. C'est fini. Révolu. Je vais encore te faire pleurer, mais je te le dis, moi, je regrette pour nous. Je me sens taulard. Si on avait des gosses, je leur expliquerais : surtout pas se marier. C'est prouvé, maintenant, expliqué. Vivre des aventures. Sans limite. Attention, pas la course bête ! Recherche qualitative dans le quantitatif. Tu me suis ?

– ...

– Si c'est facile ? ... Bien sûr ! Beau, moche, pas le problème. Suffit d'y croire. Sans avoir peur. Ça fonctionne comme une mystique. Y croire ! Si c'est démobilisateur ? Un peu. Mais nous, dans notre charcuterie... D'ailleurs, ça ne dure pas. Au début seulement. À cause de l'étonnement. Avec notre habitude de croire que c'est éphémère, on se goinfre, mais très vite on prend du recul. On s'installe pour le voyage. La manne est tombée. On a la grâce indélébile. Peinard. Plus jeune ça vient, mieux ça vaut. Il reste plus gros à bander. Physiologie oblige... Alors, pour l'état de grâce : du désir généreux et de la tendresse assumée. Faut que ça se sente et plus en sortir. C'est pas une combine, une martingale. Ça se vend pas. Ou, peut-être, sur le divan du spécialiste. Encore faut-il tomber sur un bon ouvrier. Mais on peut se démerder seul. Ne pas tricher, surtout. Éliminer la représentation sans garantie, sinon on est rejoint au premier tournant. Faire le paon sur du solide, de l'acquis. Aussitôt, ça marche tout seul. On a le son qu'il faut. Les autres fondent. Ils entendent tellement de « couacs » dans leur quotidien qu'ils ont envie de votre musique. Vous avez trouvé vos charmes. Ça vaut tous les budgets. Ça vous décale du social. Le coq de bidonville est en pâte, faut pas croire. Il va pas vers les lumières. Il a trop à faire dans la mouscaille. Il est sollicité chez lui. Il a pas à travailler. Elles lui livrent la tambouille et le tabac pour qu'il assure les coups. Surtout, qu'il parte pas ! C'est le sorcier. C'est vrai ce que je te dis, Odette, surtout pendant que c'est rare. Quand tout le monde aura compris, ce sera plus dur, qu'est-ce qu'elle voulait, madame Zelkine, des crépinettes ? Ma femme a dû vous les mettre de côté, hein, Odette ? Tu t'es occupée des crépinettes de madame Zelkine ? C'est pas ta sœur, j'espère, qui prépare les commandes. Je ne veux plus qu'elle les prépare. Elle laisse tout dans la cave, à l'humidité. Je lui ai dit dix fois : chambre froide ou réserve ! La cave est trop humide, les fondations sont spongieuses, la nappe phréatique est trop haute. Tout passe par capillarité ; c'est pas de ma faute si l'architecte n'a pas tenu compte des essais de sol, et j'ai pas les moyens de payer une entreprise pour la dalle d'étanchéité. Madame Zelkine, tout n'est pas rose comme le jambon, dans notre métier. Il a ses vicissitudes, ses aléas. On ne fait pas tous fortune. Et que faire, je vous le demande ? Je ne vais tout de même pas lutter avec les petits merdeux innocents pour qu'on nationalise la charcuterie. Vous non plus, madame Zelkine, gardez-vous-en. Le socialisme, le vrai. C'est le pire. Je vais vous dire : Finis, les riches ! Fini, l'espoir d'être riche un jour ! De faire le tour du monde ou de rester au lit en mangeant de l'andouille, selon les goûts. Finis, les marginaux ; qu'ils essaient d'aller promener, tiens ! Comment qu'elle va les coiffer à la frontière avec leur baluchon, l'Internationale ! Les renvoyer à l'usine, à trimer pour le bonheur de tous. Dans le vrai socialisme, celui qui est prévu, y a rien que des pauvres, productifs et sans illusions. Un masochisme universel. Tout le monde en prison, égalité ! Le cossard est de droite. Le rêve est de droite. La vie est de droite. Vous aurez le bonheur qu'on vous dira, un point c'est tout ! Le moindre écart... « Ennemi du peuple ! » Je sais, madame Zelkine, ça ne vous donne pas vos crépinettes, mais vous pouvez bien attendre un peu. On ne se donne jamais assez de temps. Vous êtes veuve. Vous avez tout l'avenir devant vous. Tenez ! Je branche l'électrophone, je sors mes microsillons et nous allons danser une sardane, deux matchiches et neuf sirtakis, allez ! Tiguidi, tiguidi. On tourne ! Et on revient en arrière ! Hop ! Plus vite ! Talia ta tsoin, taliada, tagadère, hop là ! Mais qu'est-ce qu'ils ont tous, ces cons, à nous regarder ? Tirez-vous, c'est fermé ! On ne vend plus rien. On danse. Odette, descends le rideau de fer ! Le premier qui approche, tu lui colles un coup de manivelle sur la gueule ! Rentrez chez vous. Allez jeûner, ça vous fera pas de mal ! Et ça repart ! Yop-là ! Levez la jambe, que je glisse ma main. Oh, mais vous avez des bas qui s'arrêtent à mi-cuisse, coquine ! Et vous ne portez pas de culotte, petite cochonne !

Je bande comme un âne
sous mon tablier.
Venez, chère madame,
je vais vous enfiler.

– D'accord.

– Voilà, je crois qu'ça y est,
vous êtes une vraie copine.
Ôtez donc vos souliers
et sucez-moi la queue.

– La pine !
– Autant pour moi. Sucez-moi donc « la pine ».
– Pas question !
– Comment ?
– J'ai dit : « Pas question ! » Ça fait trop longtemps que ça dure. Y en a marre, de l'oppression. Fini, l'assujettissement ! À bas la phallocratie ! Notre corps nous appartient, et je le revendique au nom de toutes mes sœurs. Laissez-nous décider de ce qui est bon pour nos grandes ou petites lèvres, nos pubis, nos méats urinaires, nos vagins, utérufles, clitoristres, tibias et périnées, enfin toutes nos zones érogènes, et occupez-vous de vos couilles. Je ne vous sucerai pas la pine ! Je ne vous sucerai pas la pine ! Je ne vous sucerai pas la pine !... D'ailleurs, j'ai des aphtes.
– Ah, voilà ! Que ne me le disiez-vous plus tôt, au lieu de prendre des biais sociaux. Qu'à cela ne tienne, si vous avez des aphtes en bouche, je vais tout simplement vous enduire le fondement de saindoux et vous y introduire un cervelas. Les jeux érotiques sont d'une variété infinie.
– Alors, là, je ne dis pas non.
– Vous voyez bien ! Tournez-vous.
– ...
– Voilà, han ! Et d'un cervelas. Ça fait mal ?
– Oh, oui !

– Mais heureusement, gourgandine, sinon où serait mon plaisir ? Et de deux cervelas ! Et d'un boudin blanc ! Et d'une boite de champignons ! Et d'un pot de rillettes ! Tenez, je vous mets un restant de salade grecque en prime. Ça fait trente-quatre francs tout rond.

– Hi ! Hi ! Hi ! Vous ne devez pas vous ennuyer avec votre mari, madame Ledouaron !

– Arrêtez de rire, vous faites tout ressortir.

– Bah, dites donc, je vais pas les garder, vous êtes marrante...

– En attendant, vous salissez le carrelage. Ah, Robert, tu peux parler de ma sœur et faire un fromage pour un cheveu sur la machine à jambon !

– Ah, ne me parle plus de ta sœur ! Je ne veux plus la voir. C'est une souillon, une cradingue, elle sent des pieds, elle vote au centre, elle tape dans la caisse, elle lit *Pilote*, elle mange sans sel, elle vient de Dordogne. Qu'elle y retourne, moi, j'en veux plus ici. Tu peux la prévenir, elle est virée. Tu peux lui dire, à ta charogne de sœur : Robert, il en a marre ! Robert, y veut plus te voir. D'ailleurs, je vais lui faire une lettre recommandée.

– Ne vous fatiguez pas, Robert, j'ai tout entendu. Je pars séance tenante, ma valise est prête. Seulement, croyez-moi, vous aurez de mes nouvelles. Attendez-vous à ce que mes amis du B.I.P. [1] fassent une petite descente.

– Mais voyons, Denise, je plaisantais, vous me connaissez ! Vous savez bien que je vous aime beaucoup et que, si j'avais de vrais reproches à vous faire, je vous les ferais en face. Allez, venez, Denise, venez me sucer le poireau et faisons la paix.

– Je ne resterai pas une minute de plus.

– Bon, eh bien, allez vous faire enculer.

– Non !

– Tête de mule.

---

1. S.A.C.

16

LA BELLE BANDE

C'est la vérité que Riffault, au snack de l'avenue Jean-Jaurès, a sorti sa bite et l'a posée sur le comptoir. C'est marrant parce que Nelly, la serveuse, au lieu de se paniquer, a balancé le contenu d'une carafe qu'elle finissait de remplir sur la queue de Riffault.

Vous vous marrez, mais lui il l'a mal pris.

C'est ça qui est con, avec lui. Il veut bien déconner. Mais à condition que ce soit l'autre qui se mange le bol. Si jamais, comme là, la farce tourne à son désavantage, faut qu'y fasse du cri.

– Nelly, t'es dégueulasse, merde ! Mon froc de costard !

Au début, il a dit ça juste mauvais joueur. Sans menace. Mais elle se fendait la gueule et nous aussi. Il nous a dit :

– Alors, ça vous fait marrer, les conneries de l'autre connasse ! Ben mon vieux, je vous croyais moins cons !

C'était passablement agressif ; ça nous a piqués un peu. Y en a un qui y est allé d'une répartie. Je crois pas que ce soit moi. Il a dit :

– Merde, Riffault, faut pas déconner ! On sort, on se fend la gueule, y a rien de grave de fait jusqu'à maintenant. Tu vas pas commencer !

Ça lui a pas plu, à Riffault :

– Ta gueule, toi, pédé !

Donc c'était pas moi. C'est vrai, parce que pour la question pédé, je suis sans équivoque. D'ailleurs, tous, dans la bande, pour ça on est sûrs puisqu'on est toujours ensemble. Quand on est pas ensemble, c'est qu'on tire une crampe ou qu'on est chez nos parents. Je dis tous, mais tous sauf Gérin. Gérin, c'est le fils des boulangers. Ses vieux ont du pognon. Il sort pas toujours avec nous. Des fois, il sort avec les snobs. Les fils d'Untel et Untel. Avec des gonzesses que si t'as pas une tire de sport, c'est pas pour ta queue. De toute façon, c'est vraiment des belles salopes parce que, d'après lui, justement, y en a une, la fille d'une grande pharmacie de la rue Jean-Jaurès, justement, pas loin du « Bengali », justement, le snack où Riffault a sorti sa queue, paraît qu'un coup, à cinq dans les chiottes qu'ils lui sont passés dessus ! Et au « Lion d'or » ! Dans ce troquet de snobs ! Elle sortait plus des chiottes. Ils y allaient à tout de rôle.

– Hein !?...

C'est Jean qui me dit qu'y la baisaient pas, la gonzesse, mais qu'y se sont fait faire des pipes. Ouais, bon. Y dit ça parce qu'au début, l'histoire c'est « ça », et puis à la fin c'est « ça »... Comme pour la pêche.

Enfin, bon, pipe. Et même si c'était que des branlettes... Quand on la voit frimer, après, à la terrasse...

Bon. Comme il va traîner de temps en temps avec tout ce gratin pourri, Gérin, on est pas là pour voir ce qu'il fait. Et sa manière de se fringuer ou même de déconner, ça nous fait souvent pensé qu'il doit être pédé. On a pas de preuve. Personne ne le lui a dit ouvertement, mais dès que quelqu'un s'engueule un peu avec, ça finit toujours par des allusions. Chaque fois, il insiste pas. Je dis pas que c'est une preuve, mais enfin...

– Ta gueule, toi, pédé !, que lui a dit Riffault.

Sur le coup, on a pas moufté. Surtout Gérin. Il était vert. Moi, j'étais gêné pour lui. Là-dessus, Riffault est parti pisser. Gérin, qui voulait pas rester comme un con, lui a lancé :

– Ferme pas le verrou, je baisse mon froc et j'arrive !

Là, on s'est marrés vraiment. Mais c'était une nouvelle claque pour Riffault. Il a fallu encore qu'il veuille avoir le dernier mot.

– Viens, qu'il a dit à Gérin. Alors, viens ! Quand tu veux.

Il avait rouvert la porte des chiottes qui se trouvent dans le coin du bar et il montrait sa queue.

– Viens sur le bout de ma bite ! Viens, mon con ! Moi, je te défonce ! Je te plante ma pine dans le cul, ensuite je te mets une claque sur l'oreille et je te fais tourner comme une hélice d'avion !

Nous, on s'est marrés, forcément. Mais il y avait deux clients qui buvaient du champ'. Des vieux de la cambrousse. Des rougeots qui viennent pour la foire. Ils se sont cassés. Ça a fait gueuler Nelly. Remarquez, elle a raison. Ça lui fait perdre des ronds, si on fait barrer les clients. Elle bosse, quand même ! Elle a dit :

– Vous faites chier, maintenant ! Vous commencez à me casser les couilles !

Alors aussitôt, y en a un qui lui a dit :

– T'en as pas.

– Tiens, tu vas voir !, qu'elle a dit.

Elle s'est mise à fourrager sous sa jupe. Elle l'a relevée. Alors, là, malades qu'on était ! Une bite ! Mais alors une belle queue ! Enfin, non, en fait, une queue normale, mais venant d'elle, ça lui donnait une dimension supérieure. Et des couilles !... Enfin, des couilles en rapport... On se marrait plus, dites donc.

Elle a arrêté de parler comme avant. Elle a abandonné son style minaudeur. Justement, quand même, quand elle a dit « me casser les couilles », j'avais flairé un relent de virilité. Là, ça a été la claque pour tout le monde. Nelly était un travelo !

Putain, c'était pas tout ! En montrant ses couilles, elle a découvert ses cuisses gainées de bas à jarretelles, et là, tous les autres peuvent vous le dire, on a vu un flingue. Un flingue attaché à la jarretelle. Elle nous a sciés. Je dis « elle » parce que je n'arrive pas à dire « lui ». J'arrive pas à m'y faire. Pour moi, Nelly, ça sera toujours une gonzesse.

Et tous, d'ailleurs. Quand on parle d'elle, on en parle comme d'une nana. On la revoit nana. En plus, on a tous plus ou moins rêvé de se la taper. La gueule qu'on aurait faite !

En fait, ça ne risquait pas d'arriver. Ah, elle savait bien cacher son jeu, la vache ! C'est marrant. Elle disait toujours qu'elle avait vécu en Afrique du Nord. Pourtant, elle avait pas d'accent. En tout cas, si elle a vécu là-bas, c'est pas étonnant ; en Afrique du Nord, ils s'emmanchent tous.

Il y a Gérin qui prétend que c'est pas vrai. Que c'est une légende raciste. Y peut dire ce qu'il veut, moi j'attends les preuves. Je demande à voir. Je suis comme Hérode, moi. Je crois ce que je vois. Et tant que j'aurais pas vérifié, pour moi, c'est tuyau de poêle et compagnie.

Ce con de Riffault ! Je sais pas ce qui lui a pris. Il a chopé un demi de bière plein sur le comptoir et il lui a balancé sur les couilles. Aussi sec, elle a essayé de lui foutre une carafe sur la gueule, mais il s'est baissé. En se relevant, il a perdu son froc qui était déboutonné. Comme Nelly se fendait la gueule, il a ramassé la carafe pour la lui rebalancer, et elle a sorti son petit pétard.

– Maintenant, tu vas arrêter, espèce d'enculé !

Elle le tenait le bras tendu. Ça paraît pas, mais ça fout les jetons, quelqu'un avec un flingue. Au ciné, on se rend pas compte. Même quand ça tire. Mais un vrai, tiens !...

– Alors, tu te crois fort parce que t'es pas pédé ! Et moi je te dis que t'es pédé, qu'elle lui a dit.

– Ça va pas, non !

– Je te dis que t'es pédé !

Elle avait un regard mauvais. Vraiment inquiétant. Elle s'est approchée de lui. On a cru qu'elle allait le flinguer. Lui aussi. Il a dit :

– Déconne pas, Nelly ! T'es comme t'es. Chacun est libre.

– Comment ça, chacun est libre ? T'as vu comment tu l'as traité de pédé, ton copain ? Il était libre de rien, là. Faut pas me raconter d'histoire !

Il mettait son avant-bras devant sa tête comme pour se protéger et elle lui tapait dessus en parlant, toujours en gardant le pétard pointé.

– Allez, viens là, devant le bar.

Ce qui est marrant, c'est que Riffault, en se déplaçant, levait les mains en l'air alors qu'elle ne lui avait pas demandé ça.

– Couche-toi. Non. Mets-toi à quatre pattes.

Il s'est mis à quatre pattes.

– Tu vas voir, je vais te passer le goût de dire du mal des pédés ! Allez, toi (elle s'adresse à Gérin), baisse-lui son froc ! Tu vas l'enculer, ça lui fera les pieds !

– Moi !?...

Il dit ça l'index sur la poitrine, Gérin. Il n'y croit pas.

– Oh non, hé !

– Quoi ! T'as vu comment il t'a traité !? Comme ça, il fera plus le malin !

– Oh, arrête, hé !

Même Riffault à quatre pattes, il se fendait la gueule ! Il a dit :

– Il aurait du mal. Hi hi !

Elle s'est énervée. Lui a filé un grand coup d'escarpin sur la gueule et elle a pris Gérin par l'épaule :

– Allez, tu vas faire ce que je t'ai dit. Et je veux pas en voir un bouger. Vous m'avez assez fait chier, bande de petits cons ! Toi, là (c'était moi), va fermer la porte du bar. Tourne le verrou. On va rester entre nous.

Elle a été au tableau électrique tout en continuant à nous surveiller et elle a éteint l'enseigne.

Gérin se tenait près de Riffault toujours à quatre pattes. Il attendait. Hébété.

– Alors, qu'est-ce que t'attends ! Baisse-lui son froc, je te dis !

Il a commencé. Riffault parlait entre ses dents.

– Ah, tu vas voir, quand je vais te retrouver, enfoiré, ce que tu vas prendre dans la gueule !

Il était gêné, Gérin.

– T'es marrant, toi, je vais pas me faire tuer, quand même ! T'es témoin que je peux rien faire.

– Mais tu vas pas m'enculer, quand même ?!

– ...

Elle s'est énervée encore. Elle s'est mise à secouer Gérin.

– Allez, active-toi, mollasse ! Sors-la, ta nouille !

Gérin a sorti sa queue. Il s'est mis à genoux derrière Riffault.

Allez ! Vas-y !

On était gênés. On osait pas regarder. On ne regardait que Nelly. On ne regardait que quand elle poussait des coups de gueule.

– Alors ! Ça vient ? Quoi, t'arrives pas à bander ? C'est vrai qu'il est pas bandant, ton copain. Mais attends, on va arranger ça. Tiens, toi (c'était pas moi), viens un peu là. Tu vas le branler.

Vous parlez d'une gêne dans l'air ! N'empêche qu'il a fallu qu'il le fasse.

Au début, il le branlait en rigolant. On rigolait tous un peu. Même Riffault, toujours le cul en l'air.

– Tout le monde s'y met, qu'il a dit.

En fin de compte, Gérin s'est mis à triquer. Elle était contente.

– Eh ben, tu vois qu'on y arrive ! Allez, maintenant, plante-le.

Il a commencé à essayer. Riffault s'est retourné et lui a mis une grande claque sur la gueule. Mais Nelly est intervenue. Elle a tiré. Il a pris une balle dans le bras. Merde, on rigolait plus !

– Je vous préviens tous, là. Faut pas croire que je vais m'arrêter comme ça. Si j'ai le moindre problème, je dis que vous êtes venus me faire chier. Et ce sera vrai, en plus. Légitime défense. Allez, enfile-le, qu'on en finisse !

De nouveau, Gérin avait la queue flasque.

– Alors, un coup de pétard et tu débandes, toi !

Il a fait un geste, sans jeu de mots, d'impuissance.

Vous allez rire. Dans le même moment, elle a remarqué que Raviot bandait dans son jean's. Lui, c'est le contraire. L'émotion l'avait excité.

– Mais dis donc, ça a l'air d'aller pour toi ! Tu vas le remplacer.

Riffault était couché. Il se plaignait de son bras. Rien à faire. Il a fallu qu'il y passe. Pendant que Raviot l'enculait, il criait. La douleur de l'enculage et celle de son bras. Il traitait Raviot d'enculé. Il se rendait plus compte. Il devait se demander si c'était pas un cauchemar.

De voir la scène, Gérin s'est remis à bander. C'est pour ça, comme je vous disais au début, qu'on se demande, quand même, s'il ne serait pas vraiment pédé.

Elle s'en est aperçue, de sa trique.

– Ah, on se réveille ! Il est bien temps ! Bon, écoute, tu vas pas rester comme ça. Tiens, t'en as un qui t'attend.

C'était moi.

– Oh, hé...

– Quoi, tu veux en prendre une comme ton copain !

Alors j'ai baissé mon froc.

Plus tard, elle nous a fait changer.

– Changez de cavalière !

Vous parlez si on avait envie de se marrer !

À la fin, on est partis. Riffault s'est fait soigné à l'hosto.

Bon, commissaire, j'en ai un qui me raconte sa vie, mais pour l'instant, j'arrive pas à savoir qui a rectifié le travesti.

– Qu'est-ce que vous voulez que je vous dise, Jandaud, faites votre boulot, continuez d'entendre les suspects !

C'est vrai. Que voulez-vous qu'il lui dise ?

17

CHÔMEDU

Claude Richet et Daniel Cournot. Deux potes. Collègues, mais potes. Ils sont aux autobus. Claude est chauffeur, Daniel receveur. Ils s'arrangent toujours pour être ensemble. Normalement, les équipes doivent tourner. C'est pas sans raison. Comme dans les usines, les chefs du personnel savent faire leur cuisine. Sur une chaîne, il faut éviter de regrouper les gens par affinités, sinon ça loupe pas, on voit naître des micro-sociétés, des foyers de subversion, des tas d'emmerdements. La recette, c'est : un P.C., un P.S., un Arabe, un apolitique, un syndicaliste suivi de son homologue de la centrale concurrente, et ainsi de suite. Le temps qu'ils règlent leurs comptes, ils foutent la paix à leur patron.

Pour Claude et Daniel, c'est sans problème, le chef leur fait une faveur. Claude a sa carte du P.C. Il est communiste comme on est catholique parce que baptisé. Son activisme se limite à aller gagner un canard tous les ans à la fête de l'« Huma » et à renouveler sa cotisation. Il a la conscience tranquille, il est pas du côté des patrons. Daniel ne fait pas de politique, il ne veut pas en entendre parler. C'est tabou. D'y être mêlé de façon évidente, pour lui, le porterait à se sentir en faute.

Chaque fois que Claude doit renouveler sa cotisation, il fait du plat à Daniel pour l'enrôler.

– T'es quand même pas pour les patrons, bordel !

– Ni pour les patrons, ni pour personne. Je me démerde tout seul. Qu'est-ce qu'il te donne de plus ton parti ? Si tu gagnes plus, c'est parce que t'es chauffeur. C'est pas le parti qui t'a donné le transport en commun. Moi, crois-moi, dès que ma patte va mieux, je le passe et je gagnerai autant.

Sa patte, c'est une blessure qui lui vient de l'armée. Algérie. D'après le toubib, il devrait bientôt marcher sans boiter.

– Attends que je l'aie, mon permis, mon pote. Alors, là, je vais m'en payer. Et les ratons... Ils ont pas intérêt à marcher en dehors des clous, crois-moi !

En attendant, ils sont inséparables. Syndicalement, aucun des deux ne milite. Le directeur les voit d'un bon œil, il les laisse en ménage. Leur boulot, ils le prennent bien. Ils arrivent même à y trouver de l'agrément. Une femme monte et prend des tickets. C'est en bout de ligne. Le bus est presque vide.

– C'est pas vous qui avez oublié un parapluie, mercredi ?

– Non.

– Allez voir le chauffeur, je crois qu'il veut vous parler.

Dès qu'elle est près de Claude, Daniel, du fond de sa cabine, en se pinçant le nez :

– On rappelle qu'il est interdit de parler au conducteur.

Claude marche.

– Ça va, jaloux !

– Ah non ! C'est le règlement. Au receveur, on a le droit de parler.

Ils se font des copines.

Dans l'intimité de leur bus, en rentrant au dépôt, ils y vont de leurs petits commentaires. Ils rêvent un peu.

– Tu sais, la brune, celle de ce matin. Crois-moi qu'elle en veut, celle-là !

– Tu crois ?

– T'as pas entendu les allusions, quand je lui ai demandé si elle était mariée ?

Il imite une voix féminine : « De toute façon, ça ne change rien, j'ai le droit de sortir avec qui je veux. » C'était gros, merde !

Parfois, quand ils sont du soir, si Claude est de bon poil, il laisse Daniel conduire. À vide, bien sûr.

– C'est comme si j'avais toujours conduit. Tu crois pas qu'ils devraient me le donner d'office, le permis ? Faut pas déconner, ma patte me gêne plus. Quand je pense qu'il faut attendre le certificat du toubib, ça me rend dingue.

– Oui, bah, fais attention où tu vas !

– Mais j'le vois, j'le vois ! T'en fais pas.

– J'ai cru que t'allais lui rentrer dans l'cul.

– J'ai des réflexes, crois-moi. Je devrais l'avoir depuis longtemps, ce permis. C'est bien tous des enculés, je te le dis.

Souvent, en remontant au dépôt, Daniel ne reste pas dans sa cabine, il vient parler au conducteur.

– Encore une de tirée. Qu'est-ce qu'y a, ce soir ?

– Je crois qu'y a un film sur la deuxième.

– Au fait, c'est la semaine prochaine qu'on est du soir ?

– Bah, oui.

– Je vais t'annoncer une bonne nouvelle : on l'a dans le cul pour le match.

– Merde !!!

Aujourd'hui, c'est pas gai. Au dépôt, la circulaire vient de tomber, c'est officiel. Les receveurs vont être remerciés. C'est l'heure des poinçonneuses automatiques. Le chauffeur vendra des tickets à l'unité. Un bonhomme par voiture. C'est le progrès.

Au « Terminus », c'est le nom du troquet, Daniel Cournot paye son coup. C'est sa dernière journée, Il est au chômedu. On lui a proposé une place à l'entretien. Très peu pour lui, surtout côté salaire. Il perdrait cinquante sacs. De toute façon, c'est bientôt le permis.

Ce matin, c'est le branle-bas. Au dépôt, les chauffeurs occupent les lieux. C'est parti d'une demande d'augmentation. Ils ont estimé que faire le boulot tout seul, ça méritait bien de la rallonge. La direction, qui a viré les receveurs pour faire des économies, ne va tout de même pas casser sa tirelire pour les chauffeurs ! Elle a dit : « Qu'ils fassent leur grève. Mais pas trop longtemps, sinon on met des troufions au volant des bus. Au-delà de quinze jours, le ministre est d'accord. » Les chauffeurs ont pas bronché. « On les attend, les troufions, y peuvent venir, on dort dans les bus. On tape le carton. » Arrivé à échéance, sans résultat, les syndicats, comme un seul homme, leur conseillent de reprendre le bout de bois. Seulement, entre les plis de la belote, il y a eu comme un vent radical. La marmaille a comploté contre le daron. Elle veut pas rentrer. Elle reste à jouer dans la cour. Délégués, tôliers, régiments, même engeance. Elle est résolue à lui faire la peau, à l'engeance. Et à bourriquer sa gonzesse, la patrie, pour être triangulaire à souhait aux yeux des historiens tendance psy.

Une fois de plus, c'est littérature. Les profiteurs sont maîtres. Ils ont tous les atouts. De pleins cars d'atouts, visières, matraques, fusils, grenades. Ils investissent le dépôt. Une fumée, là-dedans... Les vaillants chauffeurs sortent, mouchoir sur le pif, entre les haies d'honneur. Suffisait pas d'être têtus.

On referme les lourdes derrière eux. Il y a encore plein de C.R.S. le long des cars. D'un coup, un gréviste se met à gueuler : « Cournot ! Fumier ! Salope ! C'est Cournot, les gars ! Regardez ! C'est Cournot ! »

Cournot, il doit rêver d'une visière opaque. On a reconnu sa bobine. Recyclé, il fait partie de l'expédition. Il y a tout de suite comme un mouvement vers lui, mais les flics refoulent tout le monde. On entend encore quelques « Enculé ! », « Pourri ! », « Salope ! », de plus en plus lointains. La nuit tombe.

Claude Richet a reçu une lettre :

« Salut, Claude,

Pendant mon chômage, j'ai pu avoir la signature de l'hôpital. Ma jambe, c'est fini. Je cours comme un lapin. Je voulais commencer les leçons pour le permis, j'avais que ça à foutre. Seulement, j'étais court en fric. Ça me minait. Pour bosser, il me fallait le permis, et pour passer le permis, fallait des sous, donc bosser. Je l'avais en travers. J'ai commencé à traîner dans les troquets. Un soir de poivrade, j'ai eu des mots avec un raton. Tu sais que je les aime pas. Ça a valsé. L'ambulance est venue pour lui. Pour moi, c'était le panier. Les flics m'ont interrogé. Vu ma situation, ils m'ont dit : « Si tu cherches du boulot et que t'aimes la bagarre, on a ce qu'il te faut. » Ils m'ont donné des papiers à lire et m'ont laissé entendre que si ça m'intéressait, je pourrais me présenter à une adresse pour signer et je serais blanchi pour l'affaire de l'Arabe. Mets-toi à ma place... Remarque, à ma place, t'étais marron, à cause de ta carte du parti. Tu vois, la politique...

Quand j'ai su qu'on allait au dépôt, j'ai demandé qu'on m'exempte. Rien à faire. « T'as signé », qu'on m'a dit. Ils arrêtent pas de dire ça. J'en ai marre, je sais plus où j'en suis. Des fois, quand on va sur un coup, je voudrais qu'un d'en face sorte un flingue et que ce soit pour ma pomme. Comme ça, finis les problèmes. Je ne sais pas si je tiendrai cinq ans. En attendant, dis-leur, aux chauffeurs, que j'ai essayé de pas venir. Dis-leur, parce que je me sens con. Et si tu veux, passe à la maison, je t'expliquerai comment ça marche. C'est quand même mieux payé que les bus.

Daniel Cournot. »

J'arrive dans le troquet, c'est chargé de pochetrons.

– Tu paies ton pot, mon pote ?

Un peu, que je le paie ! Je vais pas au bistro par soif. Contacts humains.

Le taulier voit l'autre qui m'entreprend. Il gendarme un coup.

– Allez, là, laissez monsieur tranquille.

Je lui fais signe qu'il me gêne pas. Il se renfrogne, un peu vexé :

– Vous n'avez pas fini !

L'invité prend la clientèle à témoin.

– C'est pas un enculé, lui, il paie son canon.

Ça ricane dans les coins. Il les oublie et s'appuie sur mon épaule pour me parler bas dans l'étiquette.

– T'en fais pas, mon pote, j'ai du pognon, moi, je peux remettre ma tournanche, y a que des emmanchés ici, t'occupe pas.

Coude au zinc et clope au bec, il m'a à la bonne. Je suis son frangin d'un soir. Je vais avoir droit à tout l'étalage. Confidences et vue sur le larfeuille. Il est mûr pour l'épanchement. Comme tous les ivrognes, il parle près et tripote les fringues. Faut se garder de l'haleine et du bout rouge de la Gauloise.

– Tu bosses demain, toi ? Non ? Moi non plus. J'ai pas à me lever, je suis au chômedu. Rien à branler. Qu'est-ce que tu veux foutre, le soir ? La télé ? Des conneries. Moi, j'aime pas bouquiner. T'aimes bouquiner, toi ? T'as une tête à aimer bouquiner. Moi, je lis deux pages, et tout de suite ça me fait chier. Faut aimer ça, quoi. Pour moi, les bouquins, c'est toujours les mêmes conneries. Attention, je critique pas. Celui qu'aime ça, si c'est son truc, je respecte. C'est pas moi que je vais aller l'empêcher. Chacun est libre. À l'armée, je lisais que des bouquins de cul. Alors, là, ça y allait, la pignole ! Je cherchais les passages les plus dégueulasses. Remarque, fallait les trouver, les bouquins. Y en a qui les louaient. Cent balles pour un soir. Avec les bleus, on se fendait la gueule. Quand on en voyait un qu'avait l'air manche, on lui disait : « T'aimes bien les bouquins dégueulasses ? » Y disait oui, et on l'envoyait à un ancien qui lui donnait un *Spirou* trempé dans la merde.

Il s'étouffe et renverse un peu de bière.

– Ah, tu sais que j'étais avec une vraie bande de déconneurs ! Pourtant, c'était dans le djebel. Y avait de quoi avoir les miches. Des journées à attendre. Pas une gonzesse à l'horizon. Chèvres, cactus, canards. Tu peux y aller qu'on s'en est emmanchés un pacsif ! Tu me croiras si tu veux, c'est aussi bon qu'une femme. Le cactus, tu fais une fente avec ton surin, tu mets ta queue, c'est chaud, humide, une vraie chatte. Et pas d'emmerde, pas de scène de jalousie. Ah, si j'avais pu en ramener... Le canard, tu le pointes, au début y gueule, coin coin ! Une fois que tu l'as bien ramoné, y te suit partout, ce con-là. C'est son côté femme. Ah, dis donc, quand on voyait un mec avec un canard au train, tu pouvais être sûr qu'y se l'était embourbé. Il était trahi. S'il lui filait des coups de pompe pour qu'y se tire, on disait : « C'est pas beau de battre sa fiancée. » Ah, t'as pas vécu ça, toi, mon pote !

Il fait comme s'il tenait le canard devant lui et donne des coups de reins obscènes.

– Coin, coin, coin ! Oui, mon pote ! Tu peux me croire, je suis pas un menteur. Sur la tête de ma mère.

Il crache en jurant. Le patron l'engueule. Il lui dit que sa taule, c'est pas une écurie, et lui demande quelle gueule il ferait s'il allait faire ça chez lui. L'autre tartine le glaviot de la semelle en lui répondant qu'il en fait beaucoup pour pas grand-chose. En vidant son demi, il fait signe de remplir les godets.

– La même punition ! Tu rebois un demi ?

Moi, je veux bien. Il sort des biftons de sa poche et les met sur le comptoir.

– Tiens, t'as qu'à payer, moi, faut que j'aille chier. Hé, patron, y me faut la clé !

C'est un troquet avec les chiottes dans le couloir d'à côté. Mais le patron ne veut pas. Ni bière ni clé.

– C'est fini, on va fermer. Terminé.

Ça ne lui plaît pas du tout, à mon soiffard, il bigle le taulier mauvais en tanguant légèrement. L'autre l'ignore en faisant ses comptes.

– Alors, on peut pus chier ? Vous avez pas le droit, c'est interdit par la loi. Si j'ai pas la clé dans deux minutes, je chie sur le flipper.

Pas de réponse. Il attrape une chaise, la met contre l'appareil, grimpe dessus et commence à desserrer sa ceinture. Le patron sort en trombe de son bar avec un nerf de bœuf à la main. C'est du sérieux. Il reste un moment à son côté, la matraque levée.

– Vas-y, essaie ! Tu vas goûter de ça.

Il le chope par la manche et le tire vers la porte. L'autre résiste, mais il tient pas sur ses quilles. Il s'affale sur le carreau. Le patron le relève, je viens l'aider, on sort. Il donne un tour de clé derrière nous dans le bas de sa porte vitrée. Mais c'est qu'il veut y retourner, l'assoiffé ! Il est vexé, faut que je l'empêche, que je le raisonne, il dit qu'il veut se le faire, que c'est un indic, qu'il donne aux flics, qu'il se fait pointer dans les tasses, qu'il est à supprimer et que je dois le lui laisser. J'ai pas trop de mal à le retenir, il est affaibli par les gorgeons.

Je lui dis que c'est lourdé, qu'on peut rien faire. En désespoir de cause, il me demande de le laisser chier devant la porte. J'arrive à le détourner en lui signalant qu'il reste des troquets ouverts.

Nous voilà chez le voisin. Il fait une entrée remarquée en fonçant pas droit du tout vers les gogues. Pendant qu'il y est, je commande deux demis. Le loufiat me dévisage. Comme j'ai l'air plus frais, ça le rassure. Je lui demande même des cigarettes, des blondes, des Stuyvesant. À la française : « Stuyvesant », pour lui prouver que j'ai le débit intelligible. Il tire sa bière. L'autre revient. Il s'est redonné un coup de peigne, mais c'est pas brillant. Il a les chasses glauques et un pan de limace qui lui sort du grimpant. Il est encore tout imprégné de l'aventure. Il veut pas en rester là.

– Demain, j'y retourne, j'y détruis sa crémerie, à l'autre emmanché ! Sur la tête de ma mère !

– Bon, allez, bois un coup.

– T'appelles ça être en République ? Hein ?... Franchement ! J'ai trinqué pour le pays, moi ! Ça fait quinze ans que je traîne la patte pour m'être frotté aux ratons. Pour le pays. T'as vu comment qu'on nous remercie ? J'ai le papier du toubib, je suis retapé. Ça a mis quinze piges. Je veux passer le permis pour bosser, mais la fraîche...

Il fait le signe du fric avec ses doigts, puis fouille dans sa veste. Ça y est, le voilà, le portefeuille, j'y ai droit. Y veut me montrer. Il a les preuves. Il existe. Il sort des cartes, des papiers jaunis, pliés, des photos, il étale tout ça sur le zinc, dans la vinasse.

– Tu vas voir si je te raconte des conneries !

Il a la photo d'une femme, un portrait. Barré de deux traits au stylo, en diagonale. Je lui demande qui c'est.

– Ça, j'aime mieux pas en parler.

Il a le ton grave. Fatigué.

– Celle-là, je la recroise, j'y fais la peau. Sur la tête de ma mère. Un soir, je suis rentré, plus rien. Plus de meubles, plus de fringues, plus rien. Envolés. Regarde-la bien, si tu la vois quelque part, tu me fais signe, j'y troue la panse. J'irai au placard. Rien à branler. Faut qu'elle casque.

Il déplie un papier.

– Tiens, lis ! Crois-moi...

Il a des hoquets. Je jette un œil sur la feuille. Un type s'approche pour nous demander du feu. Il le repousse. L'autre rouscaille.

– Borquoi t'y m'boscule comme ça, j'ty réclami du feu dranquillemont, y a l'mossieu qu'il est témoin !

– Ta gueule ! Je donne pas de feu aux crouilles. Casse-toi. Viens pas faire chier les Français.

– Qu'est-ce que t'y dis, floncé ? j'suis aussi floncé que toi et moi !

D'un coup, il est comme dessaoulé, il a l'œil mauvais, les poings serrés.

Il s'adresse à moi.

– Dis-lui qu'y se casse, sinon je vais me le faire.

Je donne du feu à l'autre en lui demandant de laisser tomber, mais il continue de protester. Il a l'air d'en avoir un léger coup dans le pif. Il commence à dire des trucs pas gentils. D'un coup, ça part. Il prend un verre de bière dans la gueule. Les voilà qui s'empoignent. Ils roulent par terre. Mon ivrogne a vaguement le dessus. Il arrive à cogner la tête de l'autre contre la glace qui descend en morceaux. On voit couler le raisin. Le pauvre mec a salement trinqué. Un angle aigu lui a tailladé le portrait. Ça a duré trois ou quatre secondes. Mon compagnon est fou furieux, il continue de lui filer des beignes. À plusieurs, on le tire de là. Les autres le maintiennent, je me mets à l'écart. Les bourres ont pas traîné. Irruption, embarquement. Il y en a deux qui restent dans le troquet avec leur carnet pour qu'on leur raconte l'événement en détail. Il y a assez de monde pour ça, je m'éclipse.

En marchant, je retrouve son papier que j'avais fourré dans ma poche machinalement, au moment de l'action. C'est un papier de toubib qui le dit guéri d'une blessure à la cheville. Il y a son nom et son adresse en haut. Il s'appelle Daniel Cournot. Je le lui renverrai par la poste.

18

QU'EST-CE QU'ILS ONT DANS LA PEAU ?

– Y paraît qu'Éric Pellegrin, il a baisé avec sa mère.

– Ouha, l'autre, là ! C'est même pas vrai.

– Combien tu paries ?… C'est lui-même qui l'a dit à ma frangine.

– Pourquoi, il a baisé ta frangine ?

– Tout de suite, l'autre ! C'est pas parce qu'il a dit qu'il a baisé avec sa mère qu'il a baisé avec ma frangine ! Il lui a raconté que c'est sa mère qui lui a appris à baiser. C'était un lundi. Il allait pas à l'école parce qu'il avait la grippe. Elle lui apporte une tisane au lit. Elle lui remonte l'oreiller pour qu'il puisse boire, il voit un nichon qui sort de sa robe de chambre. Ça lui a donné envie de sucer le bout. Il l'a fait. Sa mère a rien dit. Quand elle a vu qu'il triquait dans son pyjama, elle lui a demandé s'il était déjà allé avec des filles. « Non », qu'il a dit. « Je vais t'apprendre », qu'elle a fait. Et elle lui a tout montré.

– Comment ça ? Continue !

– Continue ! Continue ! Tu dois bien savoir ce que c'est. Tu vas pas me dire que t'es puceau !

– Ouha, l'autre ! Puceau, moi ? Amène ta frangine, tu vas voir.

– Alors, pourquoi tu demandes des détails ? Il a baisé avec sa mère et c'est tout. D'ailleurs, maintenant, ça fait bien un an et demi, et comme depuis il a eu une petite sœur, il se demande si ça serait pas sa fille.

– Ouha, l'autre ! Sa fille ! Tu sais pas que baiser avec la famille, ça donne des tarés ? Si c'était ça, la petite sœur serait tordue. Ça coincerait quelque part.

– Justement, elle a onze doigts de pieds.

– Oh, déconne pas !...

– Ma parole ! À un panard, elle a un doigt en plus. Même qu'y paraît que, plus tard, elle va être drôlement emmerdée pour mettre sa godasse.

– Ah, dis donc ! C'est peut-être vrai, alors.

– Si je te le dis !

– Alors, imagine que, plus tard, le père d'Éric baise avec la petite et qu'il lui fasse un gosse, mettons une fille. Eh bien, c'est Éric qui sera le grand-père de la fille de son père.

– Oui, et elle aura deux nez.

– Hi, hi, hi !

– Ta gueule, v'là le prof !

Ils sont élèves dans un C.E.T. Le prof vient d'arriver dans l'atelier. Il enfile sa blouse bleue en jetant un œil à la classe. Tous les élèves sont installés devant des étaux. C'est le début de l'année scolaire. Ils ont chacun un gros morceau d'acier strié. Pour l'instant, leur boulot consiste à limer la pièce jusqu'à faire disparaître les stries de manière à obtenir une surface lisse et plane. Le prof passe près des étaux, desserre les pièces et vérifie à l'aide d'une équerre ou d'une réglette. Quand c'est bombé quelque part, il trace une marque à la craie et l'élève doit limer de nouveau, jusqu'à obtenir l'effet demandé.

– Hé, psst ! Dis donc, moi, si j'avais touché le nichon de ma mère, j'aurais pris une sacrée claque dans la gueule ! Déjà qu'une fois, après avoir vu sa culotte quand elle s'est baissée pour ramasser un truc, j'en ai pris une parce que je matais !

– Et moi, j'ai passé deux dimanches dans ma chambre parce que j'ai été pris à me branler.

– Deux dimanches dans ta piaule, c'est dur. T'as dû t'emmerder.

– Ça, oui. D'ailleurs, j'ai pas arrêté de me branler.

– Hé, les deux du fond, là-bas ! Ça va durer longtemps, les discussions ?

– ...

Le prof approche.

– Vous n'êtes pas là pour vous raconter votre vie. Je tiens à vous prévenir : ceux qui bavardent au lieu de travailler, on les voit souvent chialer le jour de l'examen.

Il parle en desserrant une des pièces. Il la contrôle.

– Écoutez un peu, tout le monde ! Je contrôle la pièce d'un de vos camarades. J'ai même pas besoin de ma règle pour voir que ça ne va pas. Si ça commence comme ça et que ça ne s'améliore pas, il peut faire une croix sur l'examen. Ensuite, s'il se présente dans un atelier ou une usine, il a intérêt à demander une place de balayeur. Vous êtes ici pour apprendre un métier. Je suis là pour vous l'apprendre. Faut pas croire que vous êtes en vacances. S'il y a des rigolos, je les enverrai rigoler chez le directeur. Maintenant, au travail ! Vous parlerez à la cantine.

Tout le monde se remet à limer et le prof remonte l'allée vers son bureau.

À voix basse :

– On va se faire chier, je le sens.

– Pfff !...

– Dis donc, ta sœur, elle le voit toujours, Éric Pellegrin ?

– Bah, oui, ils vont dans le même lycée.

– Tu pourrais pas lui demander qu'il me présente sa mère ?

– Hi, hi, hi !

– Bon, je vois que les deux du fond n'ont pas compris. Pour commencer, vous viendrez dimanche en colle pour copier des pages de technologie. Et si ça ne suffit pas, vous ferez connaissance avec le directeur.

– M'sieur, je lui demandais une lime.

– Alors vous lui demandez une lime, et ça le fait rire ? Faut pas me prendre pour un imbécile. D'ailleurs, vous avez tous le même matériel. Personne n'a à demander quoi que ce soit.

– M'sieur, j'ai perdu la clef du cadenas de mon tiroir. Je peux pas prendre mes outils.

– Ah, vous avez perdu la clef ! Et, bien sûr, vous ne savez pas où. Vous ne vous en souvenez plus. Quand vous aurez copié vos vingt pages de technologie, vous en apprendrez une par cœur, comme ça, ça vous fera un exercice de mémoire. Votre nom ?

– Mérouille, Christian.

– Christian...

– Mérouille.

– Mes quoi ?...

Vingt-cinq rires dans l'atelier. Le prof demande le silence. On voit qu'il est satisfait de sa plaisanterie.

– Et le voisin ?

– Dominique.

– Dominique comment ?

– Dominique Voisin.

Vingt-cinq rires.

– Décidément, c'est la série. Vous allez bien ensemble.

Ils sont au réfectoire. Les nouvelles vont vite. De diverses tables fusent les astuces.

– Hé, mes couilles !... Mes nouilles !... Hé, merdouille !

Chaque fois que Mérouille se retourne vers la table d'où vient la voix, chacun prend un air innocent. Christian prend le parti de les ignorer. Il mange face à Dominique. Ils échangent des regards. D'un coup, une tranche de pain arrive dans l'assiette de Christian ! Dans l'assiette, il y a du potage. La chemise a morflé. En jetant sa tranche de pain, le mec a crié :

– Tiens, mes couilles, passe à ton voisin !

Christian se lève, fonce à la table de l'autre avec son assiette et lui en envoie le contenu en pleine gueule. Cent cinquante rires.

Un surveillant rapplique, carnet à la main. Le réfectoire est devenu silencieux. Tous les regards sont tournés vers la table. La victime s'essuie la face avec un mouchoir. Le surveillant sort son stylo et demande le nom de Christian. Tout le monde écoute. Christian dit son nom entre ses dents, à voix basse.

– Comment ? Parlez plus fort, comment voulez-vous que je comprenne ?

Il hésite, Christian. Il se renfrogne. Le surveillant insiste.

Fort, très fort, en mettant sa main en porte-voix, Christian annonce :

– Durand !!! Je m'appelle Christian Durand et je vous emmerde !

Là-dessus, il fout le camp.

Le surveillant reste comme un con avec le stylo et le carnet à la main. Dominique a suivi Christian. Il le rejoint dans la cour.

– Où tu vas ? Tu vas pas te barrer ?

– Ah, si, que je me barre ! Et tout de suite ! J'en ai plein le cul. Y me font tous chier.

Il fonce vers la porte de sortie en reniflant un peu. En chialant.

– Et tes parents, qu'est-ce qu'ils vont dire ?

– Ils vont gueuler, mais je m'en fous, je veux plus rester là-dedans. T'as pas vu ?

C'est le soir. Il est chez ses parents. À table. Sa mère, son père et lui regardent la télévision en mangeant. Il mange peu. Sa mère s'en inquiète.

– Qu'est-ce que tu as ? T'as pas faim ?

– Non.

– Il faut manger. Finis au moins ton assiette.

– Il aura encore bouffé du chewing-gum toute la journée. Ça, y a rien à faire. On a beau le leur dire. Tu crois peut-être que ta mère fait de la cuisine pour qu'on la foute à la poubelle ? On voit que c'est pas toi qui gagnes l'argent. Tu crois que ça tombe du ciel. Tu vas finir ton assiette et aller dans ta chambre. Si t'as pas faim, c'est que t'es malade. Si t'es malade, faut te coucher. C'est pas la peine de regarder la télé. D'ailleurs, demain, y a le collège. Tu te lèves de bonne heure.

– Justement, au collège, je veux plus y aller.

– Quoi !?

– J'ai plus envie. Ça me plaît pas.

– Dis donc, tu te fous de nous ! Ça fait trois jours que tu y es. Qu'est-ce que tu nous racontes ?

– Ce qu'on apprend, ça me plaît pas. J'ai pas envie d'y retourner. Et puis y se foutent de mon nom.

– Comment ça, y se foutent de ton nom ? Qu'est-ce qu'il a, notre nom ? C'est pas déshonorant, de s'appeler Mérouille. Je vois pas ce qu'y peuvent te dire.

– Y disent « mes nouilles ».

– La belle affaire ! T'as qu'à pas les écouter. Tu vas me faire le plaisir d'aller te coucher et d'aller au collège demain, sinon c'est moi qui vais t'y conduire, et à coups de pied au cul !

– J'irai pas.

– D'abord, arrête de tripoter ta serviette. Allez, va te coucher !

– T'énerve pas, Roger.

– Dis donc, on va pas céder à tous ses caprices. Faut bien qu'il apprenne un métier. S'il est pas capable de faire des études, on va pas le nourrir à rien foutre. Tu veux qu'y devienne clochard ?

Ce matin, Christian s'est levé comme pour aller au collège. Dominique est venu le chercher.

– Alors, qu'est-ce que tu fais ?

– J'y vais pas.

– Et ton père ? Y veut bien ?

– Non.

– Alors ?

– Je vais traîner dans la rue pour aujourd'hui. Je vais réfléchir. En tout cas, j'y retourne pas.

Toute la journée, Christian marche dans les rues. Il fait du lèche-vitrines. Arrivé au soir, il se planque dans la cave de son immeuble. Il veut pas rentrer chez lui. Peur que l'école ait prévenu. Il dort très peu. Il a froid. Au matin, il repart, guette son copain.

– J'ai dormi dans la cave. J'ai pas bouffé. T'as pas des ronds pour que j'achète quelque chose ?

– Merde, non ! J'ai juste pour mon bus. T'aurais dû me prévenir. Je peux pas te dire d'aller chez mes vieux, y te dénonceraient.

– Tant pis, je me démerderai.

Toute la journée, il traîne encore. Dans un magasin, il pique un camembert et un paquet de gâteaux. Dans le bureau du directeur du magasin, il prend deux tartes dans la gueule et un coup de pied au cul. Comme ça. Pour lui apprendre. Parce que, pour l'inspecteur qui l'a chopé, c'est le minimum, et que « si on leur en donnait plus, y se tiendraient tranquilles ».

Quand on le ramène chez lui, ses parents ont reçu un mot du directeur du collège. Il a insulté un surveillant et s'est absenté sans excuse. Il est question qu'on l'exclue. Avant de parler avec l'inspecteur, le père Mérouille n'y va pas de main morte pour l'envoyer dans sa chambre. Christian saigne du pif.

Dans le centre de rééducation pour adolescents instables où on l'a placé, il apprend le même métier. Il a encore des ennuis avec son nom. C'est ce qu'il raconte dans sa lettre à Dominique. Lettre qu'il a réussi à dévier du contrôle de la direction :

« Je me fais chier. C'est dur. J'en ai marre. C'est encore pire. Si on se fait prendre à parler, on fait du cachot. Les autres mecs me loupent pas. "Mes nouilles ! Mes couilles ! Grosse couille ! Merdouille !" J'ai droit à tout. L'autre jour, j'ai répondu "Ta gueule !" à un ancien. Ils m'ont coincé à trois dans les chiottes. Ils m'ont tenu et m'ont obligé à lui sucer la queue. J'ai été me plaindre. On m'a puni pour mouchardage. On ne peut rien faire. Les anciens sont copains avec les moniteurs. Les nouveaux doivent s'écraser. Maintenant, ils arrêtent pas de me faire des vacheries. J'ai peur de me faire casser la gueule. Je crois que je vais essayer de me barrer. Si j'arrive à aller jusqu'à la Côte d'Azur, il paraît qu'on peut se faire embaucher pour faire des photos de touristes avec des polaroïds. On demande pas l'âge ni les papiers. Si on arrive à en vendre, on touche la moitié. Je te donnerai des nouvelles quand je pourrai. J'arrête pas de penser aux filles. Ici, pas question. Tu sais, quand je te demandais en rigolant pour la mère d'Éric, je t'ai menti. J'ai jamais baisé. Bon, salut. »

– Dominique, finis ton assiette ! Et va te coucher. Demain, t'as école. T'as vu le fils Mérouille. Évasion du centre. Vol de voiture. Un arbre à 160 à l'heure. T'as vu l'enterrement. T'as vu l'état des parents. Tu vois où ça mène, les conneries. T'as intérêt à apprendre tes leçons, à te tenir peinard au collège et à choisir tes fréquentations. T'entends ?

– ...

– Réponds, quand on te parle !

Dominique se lève, gagne sa chambre et claque la porte.

– Mais qu'est-ce qu'ils ont dans la peau ?

– T'énerve pas, André.

19

CADUCÉE BLUES

– Barre-toi, charogne, tu pues !

Voilà comment il parle à Mme Brunet.

– Putasse ! Raclure ! Morue !

Rien que des vocables de ce ton. Une verdeur...

Je ne parle pas de Mme Brunet du bout de la rue, celle qui fait des ménages, mais bel et bien de la pharmacienne, la femme de M. Brunet, du conseil municipal.

Ça fait un moment que ça dure, leur petite affaire. Il va chez elle l'après-midi. Chaque fois, il lui téléphone d'une cabine pour la prévenir de son arrivée. Tour à tour, il nous laisse l'écouteur.

– Prépare ton cul, vieille morue, je vais venir le fourrer !

– Ne sois pas grossier, Gérard, je t'en prie.

– Ta gueule, pouffiasse molle ! Je parle comme je veux, c'est pas une vieille catin comme toi qui va me faire la morale.

– Gérard, tu es un monstre !

– Un monstre qui te fait mouiller ton slibard. Allez, maintenant, tu fermes ta gueule, je vais raccrocher, prépare-toi à prendre ton pinglot ; aujourd'hui, j'ai envie de t'enculer en te tirant les oreilles, je sais que tu adores ça. Clac !

Si on a l'écouteur, faut pas qu'on se marre trop fort, il nous file des coups de grolle.

Paraît que c'est sur sa demande qu'il l'insulte. Un jeu. Ça l'excite d'entendre des ordures. Quand elle proteste, c'est bidon. Complice, elle le freine pour mieux le relancer.

C'est venu petit à petit. Au début, il lui parlait correctement, puis, peu à peu, pendant l'amour, elle lui a demandé de rajouter du sel. Dans la bibliothèque, il y a les œuvres du marquis de Sade, comme chez tous les pharmaciens. Elle lui en faisait dire des passages. Elle aimait les entendre de sa bouche.

– Allez, Gérard, mettez-y du cœur, tenez, lisez ce passage, je vous en prie : « Montrez-moi le trou de votre cul, madame, que je le gamahuche à mon aise. »

Il disait bien « le trou de votre cul », mais « gamahuche »...

– Non ! Non ! Non ! Je ne veux pas dire ces conneries-là.

– Faites un effort, Gérard, si vous tenez à votre Austin.

Elle jouait là-dessus, vous pensez.

Il essayait encore :

– Que je le gam...

D'un coup, il a craqué.

– Bon ! Tu peux te la foutre au cul, ta bagnole ! D'ailleurs, c'est trop long. Je devais l'avoir à la Toussaint, puis à Noël, ça commence à bien faire, tu ne crois pas que je vais me farcir une rognure comme toi pour de la petite monnaie, t'oublies que t'es plus très fraîche, morue ! Paillasse ! Égout ! Chiasse verte ! J'ai du mérite, t'oublies ça ! Je larbine pour ton vieux prose presque à temps complet. Je gâche ma jeunesse à te faire reluire et sans gerber jamais, rien que pour ça je mérite la médaille. C'est que t'es pas ragoûtante, tu devrais le savoir. En fait, tu m'exploites, pourriture ! Tu peux crever, je me barre !

Il était furieux.

– Non, Gérard, ne partez pas ! Vous l'aurez, votre voiture. Dès demain si vous voulez, mais parlez-moi comme vous venez de le faire, appelez-moi catin, morue ! Traînez-moi dans la fange et prenez-moi vite, je ne suis plus qu'un sexe.

– Ça va pas, la vieille !

– Peu importe si je suis folle, divin Gérard, mon marquis à moi, mon fouteur de banlieue. C'est vous que je veux, et vous seul. Faites de moi ce que vous voudrez, utilisez des objets quand vous serez fatigué, je suis insatiable. Je veux jouir, jouir, jouir à en mourir.

– T'es vraiment cinglée, grosse truie ! Si ton mari savait ça, il te ferait enfermer.

Il l'a su, le mari. Un jour, il est arrivé en pleine séance. Elle était vautrée sur le tapis de la salle de bains, plus hystérique et plus dix-huitième que jamais.

– Ah, mon ami, à trop décharger, votre vit s'est ramolli. Branlez-moi donc, sacredieu ! Finissez-moi au godemiché.

– J'ai pas le godemiché, je l'ai oublié dans l'Austin et je suis garé plus loin que la boulangerie.

– Qu'importe, allez quérir une canule, une spatule, un obus, et foutez-moi par le con, foutez-moi par le cul. Enconnez-moi, bourrez-moi le fion avec n'importe quel substitut !

– Odette, tu es grotesque !

Le conseiller municipal se tient planté dans l'encadrement de la porte. Les poings sur les hanches, comme dans les histoires où ce genre d'événement se produit. On ne peut pas dire qu'il est impressionnant, il est maigre comme un pharmacien.

Mme Brunet ne manque pas d'aplomb. Elle dit :

– Justement, Félix, je voulais t'en parler.

– Eh bien, comme ça, tu n'auras pas à le faire. Il est blême. Un peu plus qu'un pharmacien.

Gérard a rassemblé ses vêtements. Il est parti. Il a évité de traîner dans le coin pendant un bon mois. De leur côté, les pharmaciens ont démêlé leurs affaires.

Comme le prévoyait Gérard, le mari s'est mis en tête de la faire interner. Démoniaque, elle lui a préparé une potion dont lui seul croyait avoir le secret. Dans sa tisane. Il est tombé malade. Paralysie générale. De la menteuse aux arpions. Il est dans un fauteuil, avec une couverture sur les genoux. On le nourrit à la bouillie. Il ne peut bouger que les yeux. Pas de chance de guérison.

Depuis, elle a repris ses petites séances. Au début, Gérard n'était pas chaud, mais les revenus d'une pharmacienne, vous pouvez pas savoir... Chaque jour, il a son petit cadeau. Une montre, une gourmette, une guitare, des pneus à flancs blancs... Mais alors, les exigences... Elle l'entraîne devant le mari, dans le salon.

– Prenez-moi Gérard, je veux sentir votre grosse queue. Venez, que je vous suce le gland, que je vous malaxe les bourses, enfilez-moi devant ce vieux radical-socialiste qui briguait le trône de la mairie pour faire passer l'autoroute devant notre fenêtre afin de me décider à lui vendre l'appartement. Je sais, Gérard, toutes ces histoires vous ennuient, vous êtes jeune et bien membré, viril et ardent. J'attends vos assauts, passons à l'action.

Elle le déboutonne avec frénésie et lui aspire le membre goulûment.

Très vite, Gérard éjacule. Elle se dégage et s'en va recracher tout sur le visage du vieux, puis, d'une main, l'en barbouille.

– C'est vrai qu'il y a bien une semaine que je ne t'ai pas lavé, mon cher Félix. Faut pas m'en vouloir, tu sais, depuis ta terrible maladie, j'ai beaucoup de travail.

On lit de la fureur dans les yeux de l'impotent. C'est qu'il a son petit caractère...

– Allez, Gérard, prenez-moi par les oreilles, maintenant, et sodomisez-moi par-derrière, et tant pis pour le pléonasme.

– Comment ?

– Mais rien, grand fou. Hi ! Hi ! Hi ! Je suis tout enjouée, tronchez-moi comme une bête, je vous procurerai des amphétamines pour nos parties démentes ; ôtez votre jean, le salon est chauffé, je veux sentir votre peau. Si vous me faites crier de plaisir, je vous offrirai une galerie pour les skis et nous partirons à Courchevel dans votre Austin Cooper.

Il était temps que Gérard reçoive sa feuille de route, ça risquait de mal se terminer.

Faire les classes à Mourmelon, c'est pas la joie. Gérard est affecté à un régiment d'infanterie. On se lève tôt, sport, maniement d'armes, théorie, réfectoire, chambrée, belote. Il est malheureux. Renfermé.

Les histoires de cul vont bon train[1]. Les bidasses, vous pensez... D'un lit à l'autre, on traite du sujet.

– T'as des gonzesses, tu leur touches à peine le clito, elles mouillent comme des fontaines.

– Hé ! T'as déjà baisé avec deux gonzesses ? Et des femmes mariées, t'en as déjà sauté, des femmes mariées ?

– Moi, je fais que ça, c'est meilleur.

– Combien t'as déjà tiré de coups dans une nuit ?

– Moi, si je veux, je lime pendant une plombe sans débander.

– Moi, quand je repère une gonzesse, je vois tout de suite si c'est une salope rien qu'à ses yeux.

– Mais c'est toutes des salopes, faut savoir les prendre.

Y en a un qui a gueulé. C'est le sursitaire. Il veut dormir. « Phallocrates », qu'il leur a dit.

– Vous êtes des phallocrates et vous m'empêchez de dormir.

– Oh ! Hé ! Ta gueule, l'étudiant ! On va se faire chier douze mois comme toi. On a le droit de discuter.

Il n'a pas répondu. Il s'est retourné dans son pieu. Alors, ricanements, vannes.

– Il est peut-être pédé. Les étudiants, c'est tous des pédés. Ça dit des grands mots, mais ça se fait pointer dans les gogues.

La plus grande gueule fait son numéro. Les autres ricanent à chacune de ses sorties.

Gérard, qui ne participait pas, la ramène à son tour.

– Bon, moi aussi, je voudrais dormir, merde ! Ça va, maintenant !

Et la grande gueule de repartir.

– Tiens, v'là le puceau qui se réveille. Sûr qu'il est puceau, celui-là. Je l'ai vu rougir tout à l'heure quand on parlait de cul. Hé, branle-toi dans tes toiles et nous fais pas chier. On est vernis, les mecs, on a deux snobs, deux bêcheurs, un pédé et un puceau, on va pas s'emmerder :

1. Et alors ?

L'étudiant s'est levé, il est venu près du lit du bavard.

– Bon ! Maintenant, ça suffit, je te conseille de te taire.

L'autre sort des toiles.

– Qu'est-ce qu'y a, t'es pas content ?

Les voilà qui s'empoignent. Ils se foutent des coups. L'étudiant a vite le dessous, mais Gérard intervient. À deux, ils parviennent à maîtriser l'autre qui pousse des gueulements.

– Fumiers ! Ordures ! Je vais vous crever, emmanchés ! Vous faire la peau !

L'officier de nuit les trouve comme ça.

– Tout le monde au garde-à-vous près des lits, et que ça saute ! Je vois qu'on commence bien, dans cette chambrée. Mais, vous vous croyez où, bande de rigolos ? Ça vient d'emménager et c'est déjà le western. Taisez-vous ! Etc., etc.

Avec le témoignage des autres, deux contre un et tout ça, Gérard et l'étudiant se retrouvent en taule dès le lendemain première heure. Après une journée de corvées aux quatre coins de la caserne, sans ceinture, sans lacets, ils réintègrent la prison. Ils sont tous deux dans une grande pièce. Ils ont chacun deux couvertures. Allongés sur la planche inclinée, ils discutent dans le noir.

– Tu faisais quoi, toi, dans le civil ?

– Oh, je bossais un peu dans un garage. Enfin, pas ces derniers temps. Je m'arrangeais.

– Que penses-tu de l'armée ?

– Bah, ça me fait chier, comme tout le monde.

– Et avant ?

– Oh, j'avoue que j'y pensais pas. Je m'en étais jamais préoccupé.

– Moi, je suis profondément antimilitariste. Pendant mon sursis, je prévoyais de demander le statut d'objecteur, et puis, finalement, je me suis dégonflé. Tu vois, le plus triste, c'est que l'armée n'est pas seulement un mal en soi. Comme tu as pu le constater, elle est terriblement révélatrice de la misère extérieure. La mentalité, le niveau de la majorité des types incorporés, c'est inquiétant.

– C'est vrai.

– Cette vulgarité, cette grossièreté de langage, ces bassesses... J'avais remarqué, par ton indifférence à leurs plaisanteries grasses, que tu étais différent. Je me sentais proche de toi.

– ...

– Sans ce sentiment, je n'aurais jamais osé provoquer le type.

– Et toi, tu faisais quoi, comme études, avant de venir ?

– Pharmacie.

– Ah ! Ah ! Ah !

– Tu trouves ça risible ?

– Non, non, c'est rien, je peux pas t'expliquer.

Ils échangent des propos comme ça, tranquilles. Les heures passent. La cloche d'une église sonne quatre coups qui résonnent dans Mourmelon endormi. Gérard encule l'étudiant. Plus loin, à quelques kilomètres de là, à Soissons pour tout dire, une pluie fine mouille les toits et la chaussée.

20

CE SERA TOUT, MONSIEUR ?

Elle n'a plus de haricots verts extra-fins, l'épicière.

– Prenez des fins, c'est meilleur marché et c'est aussi bon. Des extra-fins, j'en attends. On devrait m'avoir livrée, mais il y a du retard. Faut que je téléphone à la maison. D'habitude, ils passent en début de semaine. Mais là... C'est pourtant pas les fêtes...

– Bon, je vais prendre des fins.

– Comment ?

– Je dis : je vais en prendre des fins. Donnez-moi ce que vous avez.

– Vous savez, c'est aussi bon ; moi, c'est ce que je prends. Les extra-fins sont plus fins, mais c'est tout. Les fins sont aussi tendres et vous ne trouverez pas un fil. Si vous m'aviez demandé des petits pois, là, d'accord. Je ne vous aurais pas conseillé un deuxième choix, en petit pois, c'est pas sucré. Des petits pois pas sucrés, c'est pas bon.

Elle cherche des haricots dans ses rayons en chantonnant.

– Voyons... Des haricots, des haricots, co-co-co... Voilà, voilà... Vous avez su, pour Mme Dupuis ?

– Mme Dupuis ?

– Mme Dupuis, la femme de M. Dupuis, l'électricien qui demeure au bout de la rue. Vous avez pas su ? Elle s'est suicidée. À cause de Gilbert Bécaud.

– ... ?

– C'est son mari.

– Gilbert Bécaud, c'est son mari ?

– Mais non ! Son mari, c'est M. Dupuis, l'électricien. Il était jaloux à cause de Gilbert Bécaud. Elle aimait bien Gilbert Bécaud, comme ça, comme artiste. Mais son mari était jaloux. Il la persécutait. Elle avait écrit pour avoir une photo. Elle a reçu la photo. Une photo signée. Il lui a fait une de ces vies ! Vous avouerez, tout de même, pour être jaloux de Gilbert Bécaud... Ça ne devait pas tourner rond. Qu'est-ce qu'il allait s'imaginer ? Vous pensez, qu'est-ce qu'il en a à faire, d'une femme d'électricien, alors qu'il peut avoir des chanteuses ou des speakerines de la télé ! Non, mais lui, ça lui tournait la tête. Ça le rendait comme fou. Il soupçonnait. Il a dû lui en faire voir, tout de même, pour qu'elle en arrive là. D'après des clientes, des fois, le soir, ça bardait. « Va le retrouver ! », qu'il disait. Et ça y allait, les gros mots. J'ose même pas répéter... Il disait de Gilbert Bécaud qu'il était... Qu'il se faisait... Enfin, vous voyez ce que je veux dire, les hommes, quand ils vont entre eux... Surtout Gilbert Bécaud, qui est marié... Enfin, la jalousie, ce que ça ferait pas dire ! Vous voulez autre chose, M. Gaillet ? Oh, tenez, justement, voilà M. Dupuis. Bonjour, M. Dupuis. Je finis de servir M. Gaillet et je suis à vous.

Elle sert M. Gaillet, qui paie et s'en va.

– Qu'est-ce qu'il vous faudra, M. Dupuis ? Je vous ai gardé des haricots extra-fins. Il m'en reste deux boîtes. J'ai dit à M. Gaillet que je n'en avais plus, je préfère garder certaines choses pour mes meilleurs clients. M. Gaillet vient quand ça lui chante ou quand le grand magasin est fermé. C'est pas un client régulier. Au fait, vous avez su, pour son chien ?

– Non.

– Il a dû le faire piquer. C'est quand même triste, quand on est habitué à une bête... Et tout ça à cause de son concierge. Un matin, il sort son chien. Il le laisse aller contre les arbres, sans laisse, et va poster une lettre. Je ne sais pas à quoi il devait penser, mais il est remonté chez lui sans le chien. Il s'en est aperçu en haut. Vous pensez, quand il est redescendu, trop tard. Un chien d'appartement, ça s'affole vite dans la rue. Il a dû aller courir je ne sais où. Après, il devait partir en voyage, on l'attendait. Il avait une chose importante à faire. C'est le concierge qui a vu le chien dans la soirée. Il était dans l'entrée. Ça sent bien où ça habite, quand même ! Alors, sous prétexte qu'il n'avait pas de place, le concierge l'a emmené à la fourrière en disant que son maître viendrait le chercher le lundi. Résultat : à la fourrière, il a attrapé de l'eczéma. Il en était couvert. Il en avait trop, c'était pas soignable. Il a dû le faire piquer. C'est triste, quand même. Une bête d'une gentillesse... Vous savez, quand on y est attaché, c'est aussi triste que de perdre des parents. Je vous les mets, les haricots ?

– Non, je vais prendre des pâtes.

– Ah, bah, si j'avais su, j'aurais donné les haricots à M. Gaillet. Je me disais, un vendredi... D'habitude, vous prenez des haricots le vendredi. Remarquez, on peut changer. En pâtes, je n'ai plus que des coquillettes, j'espère que ça ira. Vous savez, des pâtes, c'est des pâtes. Pourvu qu'elles soient aux œufs. Il n'y a que la forme qui change. Alors, voyons voir... Des pâtes... Pâtes, pâtes, pâtes... Voilà, voilà. Et avec ça, c'est tout ce qu'il vous faudra ?

Le client est sorti, elle va pour fermer. Un autre client se pointe.

– Monsieur... Dépêchez-vous, je vais fermer.

– J'y compte bien.

– Comment ?

– Je dis : j'y compte bien.

Il sort un revolver.

– Tu vas fermer ta boutique comme si de rien n'était ; je ne vais pas te faire de mal, j'ai besoin de me cacher. Et t'avise pas de faire signe à quelqu'un, ça pourrait chauffer !

Elle lève les bras.

– Je ne t'ai pas demandé de lever les bras, tu regardes trop la télé ; il faut que tu baisses ton rideau.

Elle prend son bâton avec un crochet au bout pour descendre le rideau métallique.

– Bon. Maintenant qu'on est tous les deux, tu vas me faire à manger, je meurs de faim. Faut être gentille, mémé, je suis prêt à tout, j'ai rien à perdre. C'est où, la cuisine ?

– Là, derrière.

Elle ne semble pas avoir tellement peur. Plutôt intriguée. Curieuse.

– Qu'est-ce que vous voulez manger ? Quelque chose de chaud ?

– Fais-moi chauffer une boîte de haricots et quelques saucisses. Y a de la bière au frais ?

Elle prend tout ce qu'il lui a demandé et ils passent à la cuisine.

– Vous devriez poser votre revolver, ça me fait peur, ces choses-là. Je ne peux rien vous faire, je ne sais pas me défendre.

Elle prend un ouvre-boîtes dans le tiroir et lui tend.

– Ouvrez la boîte, j'ai pas assez de force.

Il s'exécute et elle allume le gaz. Elle lui sert à manger et reste debout, le dos contre la gazinière. Il mange assis, le revolver posé sur la table.

– Qu'avez-vous donc fait, comme bêtises ?

– Dis donc, mémé, t'es bien curieuse. Tu veux pas voir mes papiers, en plus ? J'ai fait des choses très graves. Si je te racontais, ça te ferait peur. Vaut mieux pas. T'as pas du pain ?

– Faut que j'aille au magasin. C'est du pain en sachet.

Elle va pour se déplacer.

– Attends, je vais avec toi.

Il la suit et lui caresse les fesses.

– Bien conservée. Ça te fait quel âge ? Veuve ?

Elle rougit.

– J'ai du pain de seigle ou du pain blanc.

– Amène n'importe quoi. Faut pas trembler comme ça, je vais pas te bouffer !

– Vous avez tué des gens ?

– Ah, tu voudrais bien savoir, ça t'excite d'avoir un bandit dans ton épicerie ! Tu dois avoir une vie bien plate, mémé. Y te faut du roman. Eh bien, non, si tu veux savoir, j'ai tué personne. J'ai pas ce courage-là. Je suis bien plus minable que ça. Mais je vais te raconter, puisqu'on a le temps.

Ils sont revenus à la cuisine. Elle lui verse à boire.

– Vous voulez une autre bouteille ?

Elle est presque comme avec un familier. Elle l'écoute.

– Vois-tu, mémé, j'aime beaucoup me branler.

– Comment ?

– Me branler. Me masturber. Ne me dis pas que tu ne sais pas ce que c'est.

Il fait le geste.

– Ah, comme les enfants !

– Si tu veux. Donc, j'aime beaucoup me branler. Enfin, ça dépend des moments. J'ai souvent éprouvé plus de plaisir à me branler qu'à caramboler. Remarque, c'est quand même en tirant des coups que je suis grimpé le plus haut. Heureusement, sinon je ne baiserais plus que pour emprunter de l'argent. Quoique, depuis un moment, je ne m'y retrouve plus tellement de ce côté-là. Si tu veux, j'ai besoin, pour pimenter, d'un tas de choses que je dois inventer. Et c'est difficile de devenir comme ça. Difficile...

– Alors, vous êtes un maniaque ?

– Exactement. Tu l'as dit, c'est comme ça que je suis classé. Pour prendre du plaisir, j'ai besoin de beaucoup d'imagination. À une époque, pour bander, j'avais besoin d'imaginer que ma belle-sœur se faisait sauter par un berger allemand. Ensuite, ça ne m'a plus suffi. J'ai senti qu'il fallait que ça se fasse vraiment. Il m'a fallu trouver un chien et convaincre ma belle-sœur. Ça ne l'intéressait pas du tout. J'ai dû lui forcer la main. Elle a fini par appeler la police. J'ai été obligé de prendre la fuite. En cavale, j'étais obsédé par les agents. Toutes les nuits, je me voyais aux prises avec un agent, je me battais avec lui pour m'échapper, je finissais par l'assommer, je le déculottais, lui mettais son sifflet dans la bouche et, en mesure avec les coups de sifflet qu'il donnait en expirant, j'opérais un mouvement de va-et-vient dans le trou de son cul avec son bâton blanc. Tout cela m'excitait.

– Vous revoulez des haricots ?

– Non, merci, vous êtes gentille. Ensuite, engrenage infernal. Imaginer l'agent ne m'a plus suffi non plus. Il fallait que je le fasse vraiment. Je suis allé, la nuit, rôder du côté d'un commissariat. J'ai attendu qu'un agent finisse sa faction et rentre chez lui à vélo. Dans une rue sombre, je l'ai coincé, j'avais un revolver, je l'ai forcé à monter dans une chambre que j'avais louée par là. Une fois dans la chambre, je lui ai demandé son sifflet. Il l'avait. Mais il n'avait pas son bâton. Je l'ai assommé, je lui ai mis le sifflet dans la bouche et j'ai commencé à l'enculer en mesure. Je n'avais pas cogné assez fort. Il est revenu à lui et a donné un grand coup de tête en arrière. Je l'ai pris dans le nez. Je ne voyais plus clair.

– Surtout que sur le nez, ça fait drôlement mal.

– Je ne vous le fais pas dire. Il s'est dégagé, a ramassé le revolver et je me suis retrouvé en prison.

– ...

– Des nuits et des nuits à me branler dans ma cellule. Des fantasmes d'enfance me sont revenus. J'allais souvent acheter des bonbons dans une épicerie. Je choisissais des petites poules en sucre qui se trouvaient dans un bocal placé assez haut dans les rayons. Pour les attraper, l'épicière devait monter sur un escabeau. J'en profitais pour lorgner sous sa robe. Ensuite, je rentrais chez mes parents pour me branler dans les cabinets en mangeant mes poules en sucre. En prison, j'ai compliqué mon fantasme en imaginant l'épicière devenue poule. Très vite, c'est devenu très pénible. J'avais besoin de me branler devant une épicière déguisée en poule. C'est pour ça que je me suis évadé.

– Vous ne voulez quand même pas que je me déguise en poule !

– Si !

– Mais vous êtes fou !

– Je n'ai jamais dit le contraire.

– Ah, mais je ne veux pas !

Il reprend le revolver et s'approche de l'épicière.

– Tu vas faire ce que je vais te dire, mémé. Compris ?

– ...

– Déshabille-toi.

Elle retire sa robe, puis une vieille combinaison, puis sa culotte de coton.

– Où est l'huile ?

– Mais pour quoi faire ?

– Où est l'huile ?!

– Là, dans le placard.

– Va me chercher un oreiller.

Elle va vers la chambre. Il la suit, la bouteille à la main. Il a ramassé un couteau. Elle prend peur.

– Vous allez me faire du mal.

– Mais non, n'aie pas peur. Reste là, debout.

Il débouche la bouteille d'huile et lui en verse sur les épaules.

– Voilà, frotte-toi partout. Il faut t'en étaler partout.

Pendant qu'elle s'exécute, il crève l'oreiller avec le couteau et lui verse les plumes sur le corps. Avec l'huile, les plumes restent collées. L'épicière est là, debout, avec ses plumes partout.

– Bien. Maintenant, tu te mets à quatre pattes sur le lit.

Elle s'installe.

– Maintenant, fais cot cot.

– Comment ?

– Fais cot cot, comme la poule. Allez ! Cot cot cot !

– Cot cot cot !

Il sort sa queue et commence à se pignoler. Mais il ne bande pas. D'un coup, il craque. Le voilà qui s'écroule en pleurs sur la carpette. « Mamman, mamman », qu'il dit. On croirait un môme. L'épicière emplumée reste là à le regarder. Elle ne sait plus quoi faire. Comme ça dure un moment, elle en profite pour aller se nettoyer et revient habillée.

– Mon pauvre garçon...

Il est là à renifler, le cul par terre, les bras pendant entre ses cuisses. Il a même pas rangé sa queue. Elle lui tend un mouchoir et lui parle gentiment en rangeant son revolver dans sa poche de veston.

– Il faut partir maintenant. Faut pas rester là. Je vais dormir. Je me lève de bonne heure.

C'est le matin. Il est parti. M. Gaillet vient acheter du beurre.

– Je repensais à ce que vous me racontiez hier, pour votre cliente, cette affaire avec Gilbert Bécaud. C'est quand même une drôle d'histoire.

– Oh, vous savez, on en voit des drôles d'histoires dans notre métier...

21

DON JUAN

Peu de temps avant qu'on se couche, elle m'avait prévenu. « Puisqu'il n'y a qu'un lit, on va coucher ensemble, mais attention, comme des copains ! » J'ai acquiescé.

J'avais tout mon temps.

Dès qu'elle est entrée dans la salle de bains, j'ai piqué un jeton de mat' au trou de serrure. Je l'ai vue faire. C'était pas une fana de la savonnette. Un petit coup de démaquillant, un demi-crottin de dentifrice et un démêlage de tifs à la brosse. Pas une goutte d'eau sur les nougats qu'elle avait pourtant bien noirs. C'est pas une critique, moi c'est pire. Après, elle s'est mis du sent-bon et passé un petit coton sur les lèvres et le clito. C'était gagné. Pas certain qu'elle me désirait, mais, au moins, elle était pas sûre d'elle.

Le coup du coton, c'était « des fois que j'aille y mettre mon nez ».

Avant qu'on décide d'aller se pager, on avait bagoulé sérieux sur tous les grands thèmes. Art, politique, religion, éducation des moutards et liberté sexuelle.

J'avais fait une sérieuse ponction dans ses apéros. Ça m'avait délié la menteuse.

J'étais vachement éloquent, elle approuvait tout mon cours, surtout vers la fin.

Avant, elle avait risqué quelques objections pour faire celle qu'a des opinions, mais je réfutais du tac au tac avec l'aisance d'un pas niais [1]. J'étais l'omniscience et l'analyse incarnées. Quand j'ai vu qu'elle passait plus de temps à bigler sa tocante qu'à s'instruire de mon discours, j'ai proposé le dodo.

Avant qu'elle sorte de la salle de bains, je me suis glissé dans les toiles. Elle s'était pas encore radinée que déjà les apéros me jouaient des tours en vache. Le plafond tenait plus en place et j'avais comme une gêne à l'estomac.

Une fois à mon côté, elle a tout de suite noté que je n'avais plus l'air en bonne santé. Pour m'apaiser, elle s'est faite tendre comme une maman. À la seule différence qu'elle me caressait la queue. L'ennui, c'est que j'avais plus l'esprit à la trique. J'étais tout à mon tourment. C'était râpé pour que j'assure la liaison. Cette imprudente a voulu insister. Au moment où elle veut me rouler un patin, la gerbe de dégueulis qui part comme une fusée. Plein la poire, plein la chemise de nuit, plein le pucier. Ça a jeté un froid.

En cavalant au lavabo, j'en ai semé dans toute la carrée. Ça klaxonnait aux narines, y a fallu ouvrir la fenêtre. C'était l'hiver, elle a attrapé la crève.

Pendant qu'elle nettoyait et changeait les draps, je commençais à me retaper un peu. J'ai voulu siffler un petit armagnac pour faire passer le goût des retours, elle m'a chopé la boutanche des mains et l'a rangée dans son petit bar à roulettes.

On s'est repieutés, elle me faisait la gueule. On a pioncé cul à cul. Au matin, je me suis tiré.

Elle devait me téléphoner... Maintenant, ça fait bien six mois...

Elle a dû paumer mon numéro.

1. Pardon.

22

TROIS POUR CENT BALLES

Il y a un nouveau marchand de fruits et primeurs sur le marché de Saint-Chatel. Pour les Lorieux, c'est pas une bonne nouvelle. Ça fait cinq ans qu'ils plantent leurs douze mètres d'étalage tous les samedis sur la place. Pas de concurrence. Du velours. Un de leurs meilleurs marchés.

Les autres s'amènent avec, tenez-vous bien, dix-huit mètres d'étal et un camion deux fois comme le leur.

Comme dit Roger Lorieux :

– Ils ont dû drôlement graisser la patte du placier. C'est quand même pas un marché à mettre deux marchands de primeurs. Faut pas déconner !... Pourquoi pas douze bouchers ?

En plus, ils se sont placés à la même hauteur. Les deux étals se font face.

C'est le déballage. Les nouveaux s'affairent sans trop se bousculer. Chez les Lorieux, ça s'agite. Ça décharge le camion à toute blinde. Il y a Roger, sa femme, son gosse et le commis. En face, ils sont quatre également. Une grosse qui fait bien ses quarante-cinq ans, une fille qu'elle a dû pondre, vu la ressemblance, et deux mecs d'une vingtaine d'années.

Ça l'agace, Roger, leur attitude. Surtout que son fils lui fait remarquer :

– T'as vu, ils ont pas l'air de se fouler.

– Oui, t'occupe pas. On est pas en avance. Laisse-les glander. Ils ont pas l'air de se douter qu'ici, les clients arrivent de bonne heure. Tiens, passe-moi la caisse... Non, pas toi, ta mère.

Il n'appelle jamais sa femme par son prénom. À son fils, il dit : « Ta mère. » Quand il s'adresse à elle, il dit : « Hé ! » ou annonce la couleur direct si elle le regarde. C'est une sorte de blocage. Comme les gens qui ne vous disent ni tu ni vous, mais « Y ». « Y reprendra bien un peu de salade ? » « Qu'est-ce qu'y compte faire, après son régiment ? », etc.

À propos de salades, Roger l'a mauvaise. Pas moyen de trouver de la scarole ce matin aux halles. Les grossistes n'ont rien reçu. Une affaire entre les maraîchers et le gouvernement. Ils veulent augmenter, on le leur interdit. Pourtant, les engrais ont augmenté. Du coup, ils bloquent la came. Enfin, des histoires... Comme par hasard, les concurrents en ont, eux, de la scarole. Ils en déchargent une dizaine de caisses. Ils font leur déballage pépère. Ça sifflote. Ça crie les futurs slogans, comme ça, pour rire : « Elle est belle, ma scarole ! » Ils se doutent bien que les autres n'en ont pas.

Roger, en montant sa pyramide d'oranges par l'extérieur, tournant le dos aux concurrents, se rassure en expliquant à Ginette :

– Tu vois leur scarole... Regarde discrètement, il y a de la flotte qui pisse des caisses. C'est de la scarole de lundi, de chez Saudrin. Ils l'ont arrosée au jet pour qu'elle tienne, mais elle doit quand même faire une drôle de gueule. Je voudrais bien la voir de près. Tu sais ce qu'on va faire ? On va mettre la frisée au prix fort et vendre la laitue à perte. C'est rien que des petites, les gens aiment bien les cœurs. On les met à cent balles pièce et trois pour deux francs. Tu vas voir, sa salade pourrie, comment qu'elle va la remballer !

Il dit « elle » parce que, de toute évidence, c'est la grosse qui conduit le bateau. Comme Roger, de son côté, patronne l'entreprise, c'est une lutte entre eux deux. Les autres ne sont solidaires que parce qu'ils redoutent son attitude à l'issue du match. Déjà qu'à chaque fois que la recette est faiblarde, il repart de mauvais poil, conduit nerveusement le camion et fait la gueule pendant tout le trajet... La caisse, c'est le baromètre de l'humeur. Heureux les salariés.

– Gérard, je t'ai déjà dit de ne pas mettre les ardoises dans l'allée. Un jour, on va se ramasser. Tiens, fais-les !

Faire les ardoises, c'est passer toutes les étiquettes en carton bouilli à la flotte pour effacer les anciens prix et les laisser sécher pour pouvoir inscrire les nouveaux.

Maintenant, Roger s'adresse au commis.

– T'en enlèves trop sur les choux-fleurs ; pourtant, je t'ai déjà montré.

Les choux-fleurs arrivent avec des feuilles partout. On ne voit pas le blanc. Il faut prendre un couteau et les effeuiller à moitié. Faut qu'on voie les fleurs si on veut faire un bel étalage, une pile qui ait de la gueule.

– Bon, va faire les patates, parce que tu vas tout me bousiller. Je vais le faire... Merde non ! Faut que je fasse mes prix. Hé ! Tu peux venir faire les choux-fleurs ?

La grosse a commencé à inscrire ses prix. Roger mate discret pour faire les siens. Il tient compte. Il voit s'il peut s'aligner. C'est un peu léger, les tarifs de la grosse. Elle attaque sec. Dans un premier temps, elle préfère racoler la clientèle et oublier le bénéfice. C'est de la tactique.

Ça l'énerve trop, Roger. Faut qu'il aille se détendre.

– Bon, je vais boire un café.

Il va au troquet du coin. Les autres continuent d'installer.

Aux scaroles près, ils ont sensiblement la même marchandise. Les Lorieux n'ont pas de scarole mais, côté fruits, en plus de la golden, ils ont de la Canada. Un lot qu'ils ont eu pour pas cher. Fallait prendre le tout. Y en a au moins quinze caisses. Elles tiendront pas longtemps. Ils vont brader ça.

Le marché est commencé. Les ménagères tendent leurs filets, font glisser les anses le long des avant-bras jusqu'à la pliure du coude et fouillent dans leurs porte-monnaie.

C'est le début du mois, l'époque des gros billets. Trois livres d'oranges et deux poireaux, crac, un billet de dix sacs !

– Vous n'avez pas un peu de persil ?

– Gérard, tu ne donnes pas de persil s'il n'y a pas de monnaie. Tu ne donnes rien du tout, d'ailleurs. Les petites dames, il faut trouver de la monnaie.

Il y a pas mal de vieilles qui rôdent du côté des concurrents. Un nouveau ! La curiosité, l'espoir. Des fois qu'il amènerait le bonheur... Les asperges à deux francs le kilo et trois pamplemousses pour cent balles. Roger repère celles qui font l'aller-retour, celles qui comparent. Il essaie de les accrocher :

– Qu'est-ce qu'y lui faudra aujourd'hui, à la petite dame ?

Souvent, elles sourient sans répondre et passent, l'air de rien. Elles font celles qui ne sont pas sûres d'avoir besoin de légumes. Elles jettent des coups d'œil à l'étalage avec un faux détachement, un regard machinal. Les rares clientes sortent leurs gros biftons.

– On a pas de monnaie, crie Roger.

De l'autre côté, la grosse crie :

– Allez la ménagère ! Des prix, de la qualité. Et on a de la monnaie !

Roger fume.

– Gérard, va faire de la monnaie au tabac, vite. Allez, mesdames, trois laitues pour cent balles, avec ou sans monnaie ! C'est donné, on ne veut rien remballer.

Et la grosse :

– Demandez ma scarole ! Elle est belle, ma scarole !

– Et mes couilles, elles sont belles ?

C'est le commis des Lorieux qui vient de lancer ça. Hilare. C'est pour faire plaisir à son patron. Un trait d'esprit aux dépens de la grosse. Roger le prend à part :

– Encore un mot comme ça devant les clients, et je te vire avec une lettre à tes parents.

De l'autre côté, ils ont entendu le commis. Un des mecs de la grosse dit :

– Faudrait déjà en avoir, des couilles.

Les voilà tous partis à se marrer. Y a comme une tension chez les Lorieux. Roger prend le parti de laisser tomber. Il relance la clientèle.

– Cent balles les trois dans la laitue ! Elle est belle, elle est belle !

Ça ne marche pas terrible, surtout qu'un camelot est venu s'installer juste à côté avec des mouchoirs.

– Je m'appelle Taratata, je suis le dernier de la famille, le plus grand, le plus beau. Allons-y la ménagère, aujourd'hui on fait des affaires. Voici du mouchoir, grand teint, sorti directement d'usine, sans intermédiaire, je vous l'apporte sur le marché, du mouchoir pour toute l'année, du mouchoir pour la belle-mère, pour essuyer son nez, en voici un, en voici deux, en voici trois, en voilà six, et deux fois six qui font douze, et deux douzaines pour faire la paire, je ne vous demanderai pas cent francs ni quarante ni même trente, tiens, donnez-moi quinze francs, ça ne gagne rien mais ça débarrasse, on doit liquider, on a besoin de place. Je m'appelle Taratata, je suis le dernier de la famille, etc.

Il y a foule sous le grand pébroque du camelot, un peu de monde chez la grosse et personne chez les Lorieux. C'est pas la joie. Roger relance une opération.

– Allez, un quarante dans la maltaise, des affaires dans l'orange. On liquide, on liquide.

À dix heures, des expressions comme « on liquide », c'est plutôt rare. D'habitude, c'est bon sur le coup de midi. Là, ça fait bizarre. Les marchands voisins, fringues et quincaille, se lancent des regards appuyés. Ça sent pas bon.

La grosse est venue, peinarde, écouter le camelot. Elle note en biais les ardoises des Lorieux, retourne à son étal et change ses étiquettes. Elle casse les prix.

Elle met tout à des prix dérisoires. Roger s'aligne.

– Allez la ménagère, aujourd'hui, on fait des cadeaux ! Trois kilos deux francs dans la banane ! De la belle, de la tigrée !

En face, on les voit se marrer ; ils retirent toutes les étiquettes, effacent les prix et inscrivent autre chose. Ensuite, la grosse en tête, les voilà tous partis en direction du troquet, abandonnant leur commerce. Il y a du monde, pourtant. Beaucoup de ménagères. De l'étal des Lorieux, on les voit se pousser du coude et rigoler.

Roger a le temps de regarder puisqu'il n'y a personne chez lui. Il parle à sa femme.

– Regarde, ils font ceux qui s'en foutent. S'ils prennent les clients pour des cons, ça va pas marcher longtemps. Là, je me marre d'avance. Tiens, je rigolerais que les bonnes femmes lui fauchent de la marchandise... Tu sais que moi, à la place des bonnes femmes, je me sers. On se fout de ma gueule, je renvoie la balle, je me laisse pas baiser. C'est elle qui l'aurait dans le cul. Tu peux me croire (il fait un doigt), dans l'cul !

De l'autre côté, on voit une ou deux ménagères qui commencent à foutre des trucs dans leur sac. Elles se servent.

– Hé, regarde ce que je t'avais dit ! Regarde la mémère, regarde l'autre, avec les bananes, elles fauchent, regarde, regarde, j'l'avais dit, j'm'en doutais, du coup ! Ah, les cons ! Hooou ! Hi hi hi !... Ah, la razzia !... Regarde-les, les mémères, c'est le pillage... Hi hi hi !

Il en peut plus, Roger, il se tient à un poteau du barnum d'une main et, de l'autre, se presse la queue par-dessus le tablier en se tortillant.

– Ah, elle pourra dire qu'elle m'aura fait pisser, la grosse... Ah, j'en chiale ! Tiens, va servir la dame.

Il y a de plus en plus de monde devant l'étal de la grosse. Y en a qui remplissent des sacs, d'autres qui regardent. Certains marchands ont laissé leurs boutiques pour venir voir. C'est l'attraction.

– Ah, faut que j'aille voir ça !

Il y va, Roger, les mains dans son tablier, hilare ! Il croise un vieux, avec son filet bourré, qui parle tout seul, joyeux.

– Ah, y peuvent venir toutes les semaines, je serai le meilleur client. Ah, y peuvent revenir !

Roger approche de l'étal. Sur les étiquettes, à la place des prix, il voit écrit : « Servez-vous, c'est gratuit. » Sur toutes les ardoises : « C'est gratuit. » Du coup, il fonce au bistro. Il a deux mots à leur dire.

Il les trouve attablés devant des verres. Il s'accoude au bar, commande un café, allume une cigarette et regarde, à travers les vitres, vers la place du marché. Il les ignore. Les autres parlent, discutent. Un des deux fils ou employés de la grosse parle :

– Vous allez vous fendre la gueule, Gérard Saviot, à la visite médicale, avait son calcif plein de merde. Il avait chié dans son bénar, ce con ! Et vous savez pourquoi ? On lui avait fait croire qu'on allait à la piqûre. Alors, lui, lui parlez pas de piqûre... L'année d'avant, il est tombé dans les pommes... Tenez, à propos, on dit, comme ça, « dans les pommes », on se demande même pas pourquoi... On voit le mec, là, avec plein de pommes autour. On voit même plus rien. On le dit, comme ça, c'est tout. Vous allez voir... L'origine de « dans les pommes » c'est quoi, d'après vous ? Ceux qui savent ferment leur gueule ! Personne ne sait ? Ah, vous allez vous marrer ! Ça vient de la manie qu'on a de déformer tout. Au départ, c'était tomber dans les « pâmes ». Du verbe « se pâmer ». Le populo, lui, avec sa manie de faire le rigolo, il s'est mis à dire « les pommes », comme ça, histoire de déconner, tout en sachant l'origine, comme vous vous dites...

Roger s'est approché de la table.

– Comme moi je te dis : « Va te faire enculer », et qu'à l'origine c'était « Va te faire enculer » et que tu peux aller te faire enculer.

Les autres le regardent, interloqués. Il s'est planté devant la table, les bras croisés, la cigarette entre le pouce et l'index de la main droite. Il fixe le mec qui parlait.

La grosse prend la parole :

– Monsieur, je ne vous connais pas, mais tout ce que je peux vous dire, c'est que, quand on est poli, on ne dit pas ce que vous venez de dire à une personne qu'on ne connaît pas, surtout si elle ne vous a rien fait.

– Moi, ce que je vous dis, c'est que je parle pas aux enculés.

Il retourne s'accouder et termine son café. Les autres se regardent. Ils éclatent de rire. La grosse dit :

– Si vous voulez manger de la scarole, faut vous dépêcher, ça part comme des petits pains, là-bas.

– Moi, ce que je peux vous dire, c'est que, si vous voulez la bagarre, vous allez l'avoir. Ce que vous faites, c'est déloyal, et même interdit ; d'ailleurs, je vais voir le placier, ça va remonter au syndicat et vous allez pas faire les marchés longtemps, croyez-moi !

– Croyez-moi !

C'est un des mecs avec la grosse qui vient de répéter en imitant Roger.

Roger :

– Toi, si t'es pas content, t'as qu'à te lever. Je vais te faire voir, moi, merdeux !

L'autre se lève, nettement plus imposant que Roger.

– Qu'est-ce qu'y a, mon pote, t'es en colère ? Faut pas t'exciter comme ça, tu vas avoir une attaque. Je te signale qu'on t'a rien dit, c'est toi qui nous cherches...

Aux yeux de Roger, on voit qu'il a les copeaux. C'est la capitulation. Il parle :

– De toute façon, hein, chacun fait ce qu'y veut. Mais, merde, dans le commerce...

– Le commerce ! On chie dessus, nous, le commerce. On a hérité, on arrête ! On va se les rouler, on verra plus vos gueules, vos gueules de cons, avec vos caisses, vos comptes et vos airs sournois. C'était notre dernier marché. On l'a fait exprès. T'en fais pas, la semaine prochaine, tu pourras revendre du poireau et compter tes sous. Mais maintenant, casse-toi, parce que tu nous emmerdes. Allez, casse-toi ! Tiens, on te paie ton café, mais tire-toi, on t'a assez vu.

Il le pousse vers la porte. Roger se fait tout petit. Il est blême. Il sort sous les rires.

Sa femme le regarde arriver, les autres aussi.

– Bon, il est presque une heure. Allez, on remballe. Ça fait un marché de foutu, mais ça n'arrivera pas deux fois. Sont pas près de revenir, c'est moi qui vous le dis. Je crois que j'ai été clair.

– T'as pas fait de bêtise, au moins, Roger ?

– T'occupe pas, remballe ! J'ai fait ce qu'y avait à faire. Y reviendront plus, je te dis. Rayés, qu'y sont... Bande de rigolos, va... Ça serait trop facile.

Il se retourne vers le commis.

– Toi, de toute façon, tes parents auront la lettre.

Et on ne vous raconte pas le retour en camion...

23

À SE TORDRE

Le fils Buchet vient de faire l'acquisition d'un corbeau. Un corbeau vivant. Il l'a échangé contre sa carabine à plombs. Celui qui a apprivoisé le corbeau n'a pas les moyens de s'offrir une carabine à plombs. C'est le plus jeune des Rouvier. Chez les Rouvier, c'est la misère noire.

D'où lui vient le corbeau, au fils Rouvier ? Figurez-vous qu'il est monté dans l'arbre pour le prendre dans le nid. Il s'est fait attaquer par la mère, un coup de bec sur la main, il en a saigné. « Ah, l'enculée ! », qu'il a dit. Ensuite, il a nourri le corbeau jusqu'à maturité, tout en l'apprivoisant. Une fois domestiqué, le corbeau reste insensible aux appels de ses congénères. Il vient sur l'épaule humaine. Sur la tête, même. Pour le fils Buchet, qui possède un train électrique, deux revolvers à amorces et douze albums de Tarzan, se séparer de la carabine ne fut rien. Il n'en eut rien à branler.

Le père Buchet n'a pas voulu du corbeau dans la maison.

– À qui c'est, ce corbeau ?

– C'est à moi. On me l'a donné.

Il ne dit pas qu'il l'a échangé contre la carabine, ça gueulerait.

– Et qu'est-ce que tu vas en faire ?

– Je vais l'élever. Regarde, il est gentil, prends-le sur ton épaule.

Il le pose sur l'épaule de son père. Sitôt posé, le corbeau lâche une fiente. Le père sent la chaleur de la fiente sur sa chemise.

– Regarde-moi ça ! Voilà pourquoi j'en veux pas. Allez, reprends-le ! Si tu veux le garder, tu le mets à la cave. Je te préviens, je n'en veux pas ici.

La mère essuie l'épaule du père à l'aide d'une éponge.

Avec la carabine à plombs, le fils Rouvier chasse le corbeau. C'est du plomb à cuvette. À cinq mètres, en tirant dans un arbre, le plomb rentre dans l'écorce. Imaginez un corbeau... Chez les Rouvier, on mange du corbeau. Parait que c'est un peu coriace mais que ça se mange.

Quand le fils Buchet rentre de l'école, il rend visite à son corbeau. Il lui apporte de la nourriture. Le fils Rouvier lui a dit qu'il suffisait de lui couper le fil qu'il a sous la langue pour pouvoir ensuite lui apprendre à parler. C'est vaguement dans les projets du fils Buchet, mais ça ne presse pas. Peut-être même qu'il ne le fera jamais. Il est déjà attaché à la bête et se voit mal la faire souffrir. Dans cette cave, il y a l'établi du père bricoleur. Le corbeau laisse des fientes partout. Au début, le fils Rouvier les fait disparaître à l'aide d'un chiffon, mais très vite il est dépassé. C'est pas croyable tout ce qu'un corbeau peut chier ! Le père, en venant chercher une bouteille à la cave, voit l'état des lieux. La bouteille qu'il attrape dans les rayons en est couverte. Son étau en est couvert.

– Gérard, tu te débrouilles comme tu veux, mais, demain, je ne veux plus voir ce corbeau ici.

Gérard est triste. Il cherche quelqu'un à qui confier l'oiseau, quelqu'un qui n'habiterait pas loin pour qu'il puisse le voir de temps en temps. Il le trouve en la personne de Denis Grosboileau.

– Tu peux prendre mon corbeau ? Mon père ne veut pas que je le garde.

– D'accord, je te l'achète deux francs.

– Non, non, je ne veux pas le vendre.

– Bon, un franc.

– Bon... un franc.

Un soir que Gérard était au lit, sa mère est entrée dans sa chambre. Il se masturbait. Il se tapait un rassis, si vous voulez. Elle eut l'air de chercher quelque chose et ramassa des vêtements sur le dossier d'une chaise sans même sembler l'avoir vu. L'a-t-elle vu ? Ne l'a-t-elle pas vu ? Gérard en fut tracassé pendant pas mal de temps. N'allait-elle pas lui resservir ça à une occasion quelconque ?... N'allait-elle pas en faire usage de chantage pour obtenir on ne sait quelle obéissance ? L'angoisse.

En fait, elle l'avait vu. Disons qu'elle n'était pas répressive dans ce domaine. Elle voyait sa sexualité se manifester. Il était en train d'entamer son potentiel égoïstement, faute de partenaire. Elle le voyait comme ça et ça lui convenait. Elle était même suffisamment progressiste pour tolérer l'inceste. Il aurait peut-être dû en profiter. Parce que, pour en avoir envie, là, pardon, on peut dire qu'il en a eu envie ! Combien de branlettes à son intention, combien de caresses imaginées ! Quelle chaleur au bas-ventre ! C'est que sa mère est sacrément sensuelle et bien roulée. Quand même, on se demande si les qualités physiques de la mère entrent en jeu dans le « tube » freudien ? L'adolescent lubrique est-il déjà tout entier dans notre, ouvrez le ban, prison culturelle, fermez le ban, ou doit-on considérer que, tordue, variqueuse et infectée, la mère fournira quand même un terrain à orgasmes de la plus haute essence ? Faut s'y connaître.

Après avoir recueilli le corbeau, le lendemain même, le fils Grosboileau dit à Gérard :

– Ça y est, je l'ai bouffé, ton corbeau !

– Quoi !!!

– Je l'ai bouffé avec des petits pois, si tu veux savoir.

Gérard ramasse une pierre et la lance sur l'autre, qui fout le camp à toutes jambes.

Le soir, à la maison, Gérard pleure. Il raconte ses malheurs à table.

Le père, agacé :

– Tu ne vas pas en faire une jaunisse ! Mange tes petits pois et ta viande.

Gérard imagine son corbeau au milieu des petits pois. Il renverse l'assiette. Son père le gifle et l'envoie dans sa chambre. Il pleure toute la nuit. Il donne des coups de pied dans le mur. « Vieux con ! », qu'il dit entre ses dents. « Je voudrais qu'il crève ! » Allongé sur le ventre, il donne des coups de poing dans l'oreiller. « Qu'y crève ! Qu'y crève ! » Il s'endort très tard, vidé d'avoir trop pleuré.

Le lendemain, quand sa mère le réveille pour l'école, il ne veut pas y aller. Il ne tient plus sur ses jambes. Elle se rend compte que ce n'est pas du chiqué. Il restera dans sa chambre. Elle lui apportera des tisanes. À midi, quand le père rentre du travail, elle sait le calmer. Lui faire entendre raison. Si ce n'était que lui, Gérard irait à l'école à coups de pied au cul. Mais les mères ont des pouvoirs. Quand le père est reparti au boulot, la mère vient dans la chambre plaider en sa faveur.

– Tu sais, avec son travail, il est un peu énervé.

– Je voudrais qu'il meure.

– Allons, ne dis pas des choses pareilles. Si on avait un jardin, on pourrait construire une volière, mais là...

Elle lui caresse le front.

– Couvre-toi, tu vas attraper froid.

– J'ai trop chaud.

Il se découvre complètement, montrant ostensiblement son sexe raide comme on peut l'imaginer. Elle sourit.

– Surtout si tu attrapes froid ici.

Elle lui prend le membre dans la main chaude. Un défi dans le regard, Gérard glisse sa main sous sa jupe.

– Allons, Gérard, coquin, tu es bien précoce...

– Qu'est-ce que ça veut dire, précoce ?

Empourprée, Mme Buchet bafouille. Elle n'a pas lâché le sexe de son fils. Il a déjà écarté sa petite culotte et cherche maladroitement dans la toison. Lorsqu'il sent au bout de ses doigts le contact humide du sexe, l'orgasme lui vient. Il lâche la purée. Oh, très peu. À son âge... Sa maman ne tient plus. Elle approche sa bouche et engloutit la jeune verge. Elle consomme goulûment, puis, l'embrasant dans le cou :

– Mon petit. Mon tout petit. Mon bébé tout petit.

Elle pousse des petits couinements et râle un peu. Elle est vautrée sur le gamin qui finit par la stopper.

– Tu me fais mal.

Elle se relève, visiblement gênée.

– Petit coquin.

Elle arrange ses cheveux.

– Je vais te faire ta tisane.

Elle lui apporte la tisane, l'air embarrassé. Elle n'ose pas le regarder dans les yeux. Elle rassemble des vêtements posés sur une chaise et va pour sortir.

– Maman !

– Oui ?

– Je vais essayer de ravoir un corbeau.

– Allons, qu'est-ce que tu racontes ?

– Je veux un corbeau, sinon je vais plus à l'école.

– Mais tu sais bien que ton père ne veut pas. Ne va pas le mettre en colère.

– Tu devrais t'arranger pour qu'il ne dise rien.

– Mais je ne peux pas, Gérard ! C'est pas moi qui commande à la maison. Essaie de dormir, t'es trop énervé. Quand tu te réveilleras, ça ira mieux.

Elle ferme les volets de la chambre et tire les rideaux. Elle repousse doucement la porte, le laissant dans l'obscurité. Il lui crie :

– Si tu fais pas ce que je te demande, je lui dirai ce qu'on a fait !

Elle rouvre brusquement la porte.

– Gérard !!!

– Oui, je lui dirai. Faut lui demander qu'il me laisse avoir un corbeau, sinon je lui dirai.

Paul Buchet vient de rentrer de son travail.

– Qu'est-ce qu'on mange ? Alors, ça va mieux, lui ?

– Chut ! Il dort. Tu sais, t'y as peut-être été un peu fort. Il a le sommeil agité. Je le trouve très nerveux. On aurait pas dû lui retirer son corbeau si vite.

– Qu'est-ce que tu me chantes là ? Tu ne vas pas te mettre à le défendre ! Tu veux qu'on soit envahis par la fiente ?

– Tu sais, je peux nettoyer, j'ai l'habitude.

– Irène, il n'y aura pas de corbeau ici, c'est mon dernier mot.

Gérard est retapé. Depuis plusieurs jours, il a demandé un corbeau au fils Rouvier. Rouvier tue les adultes avec sa carabine et élève les petits. Un soir, Gérard passe chez lui après la sortie de l'école et lui en échange un contre un jeu de société. De retour à la maison, il va dans sa chambre avec l'oiseau. La mère, qui l'a entendu rentrer, vient le rejoindre. Il est assis sur son lit, tenant le corbeau dans ses mains.

– Gérard, tu sais ce qu'on t'a dit !...

– Et moi, tu sais ce que je t'ai dit : si je peux pas le garder, je raconte tout.

Paul Buchet vient de rentrer.

– Qu'est-ce qu'on mange ?

– Paul, je suis embêtée avec le petit. Il a encore ramené un corbeau.

– Quoi !!!

– Attends, attends, chut ! Tu sais, on devrait peut-être le lui laisser un peu. La dernière fois, il m'a inquiétée. Un après-midi, pendant son sommeil, il était agité, tu sais, je t'avais dit, il s'était découvert. J'ai voulu le recouvrir et il m'a sauté dessus comme pour me violer. Il essayait de m'attraper partout. Il a fallu que je le réveille. Il s'est mis à dire : « Qu'est-ce qu'on a fait ? Qu'est-ce qu'on a fait ? » Ça m'a fait drôle.

– Tu ne m'avais pas raconté tout ça.

– À ce moment-là, on ne pouvait rien te dire.

– Oui, enfin, il a fait un rêve érotique. Ça arrive assez tôt. C'est pas une raison pour qu'il ramène à nouveau un corbeau alors que je le lui ai interdit.

– Bien, fais comme tu l'entends. Après tout, c'est toi le chef de famille.

Il entre dans la chambre.

– Gérard, si demain tu ne t'es pas débarrassé de ce corbeau, je le ferai moi-même !

Il éteint la lumière et ferme la porte.

– Je voudrais qu'y crève, le vieux con.

La porte s'ouvre.

– Qu'est-ce que t'as dit ?!! Allez, donne-moi ça !

Il lui arrache le corbeau des mains.

– Je vais aller le mettre à la cave et je le ferai disparaître demain.

– Tu sais ce qu'on a fait, avec maman ? On a fait des cochonneries. Elle m'a touché et je l'ai touchée. Voilà ! Moi, j'en ai marre, je veux mon corbeau !

La porte s'est refermée. Gérard fout des coups de pied dans le mur.

Le médecin de la famille remplit la feuille sur la table de la cuisine.

– Physiquement, il va bien. Le mieux serait que je vous indique l'adresse d'un confrère spécialiste, il saura mieux que moi le prendre en charge.

Ça fait six mois que Gérard est pensionnaire de la « maison de repos ». Le jardinier élève des faisans, des poules et des lapins. Il a fait une séparation dans la volière. Dans la deuxième partie, il y a un couple de corbeaux. Une faveur. Gérard n'a plus aucune envie de rentrer à la maison. Surtout qu'une des infirmières qui l'a pris à la bonne est sacrément coquine. Dans les bosquets du grand jardin, par beau temps, les jours de promenade, ils ont des rapports intimes. Lorsqu'on lui parle de rentrer à la maison, il lui prend des crises qui justifient le prolongement de son séjour. La pension coûte cher. Paul Buchet, à son travail, fait montre d'arrivisme. Tout lui est bon pour gravir les échelons. Les autres le détestent. Irène Buchet pâtit de son aigreur. Leurs rapports sont tordus. Ils vont divorcer. Elle tombe malade. Reste malade. L'infirmière finit par avoir la garde du gamin. Il lui impose des corbeaux dans son appartement sous peine de dévoiler leurs moments des bosquets.

Le fils Rouvier est en maison de correction. Il a blessé un agent cycliste avec sa carabine à plombs.

24

LA CRÈME

– Daniel, donne ça !

– Non !

– Daniel, remets ça tout de suite ou je le dis à manman !

– Si tu le dis, tu vas voir ta gueule !

– Manman, Daniel, il a pris des sous dans ton porte-monnaie !

– Salope ! Putain ! Morue !

Le plus jeune des Foucault vient de se faire piquer à barboter du blé. Sa sœur rentrait du boulot, il fouillait dans le tiroir du buffet. En la voyant, il a eu un geste de recul, puis il a repiqué au délit. La mère répond depuis l'étage :

– Qu'est-ce qui se passe encore ?

– C'est Daniel, il a fouillé dans ton porte-monnaie, il a pris des sous.

La mère descend l'escalier.

– C'est quelque chose, quand même, y se passera pas un jour sans qu'il y ait une histoire ! Daniel, viens ici ! Où il est, d'abord ?

– Y s'est enfermé dans les cabinets.

– Daniel, ouvre la porte et rends ce que t'as pris !

– J'ai rien pris.

– Alors ouvre la porte, si t'as rien pris. On va bien voir.

– Tu parles qu'il a rien pris, je l'ai vu !

– Ta gueule, toi ! Cafteuse ! Putain !

– Arrête de parler comme ça à ta sœur et sors de là !

– Non, je sortirai pas !

– Daniel, je te préviens, je vais m'énerver. Si tu ne veux pas ouvrir, je vais aller chercher M. Clavel, y va ouvrir avec ses outils !

– Les Clavel, y sont partis en vacances.

– Bon, attends, quand ton frère va rentrer !

– Ça m'étonnerait qu'y rentre, y s'est fait embarquer par les flics.

– Qu'est-ce que tu racontes encore ! Qui c'est qui t'a dit ça, d'abord ?

– Je l'ai vu, y s'est fait embarquer avec Gérard Deleuze. Les flics sont venus au tabac avec le panier, y les ont embarqués tous les deux.

– Mais qu'est-ce qu'ils ont fait ?

– J'en sais rien, moi !

La mère s'assied sur un divan et se prend la tête entre les mains.

– Mais qu'est-ce que j'ai fait au bon Dieu !... Mais-qu'est-ce-que-j'ai-fait-au-bon-Dieu !... Y finiront par me rendre folle, à faire des tours comme ça !

Elle pleure.

– Alors, Daniel, t'es content ? Tu fais pleurer mamman. Tu devrais avoir honte !

– Ta gueule, toi, putain !

– Arrête de m'appeler comme ça, petit merdeux, tu sais même pas ce que ça veut dire.

– Ah, je sais pas ce que ça veut dire !... Et se faire ramoner par tout le monde dans les chiottes de l'usine pour deux mille balles par coup, c'est pas putain, ça ?

– Qui c'est qui t'a dit ça, menteur ? Sors de là, je vais te foutre des claques, tu vas voir !

– Tu crois que ça se sait pas ? C'est le grand Baudrillard qui le raconte partout. Il a même dit que tu faisais bien les pipes.

– Mais qu'est-ce que j'ai fait au bon Dieu ? Simone, dis-moi que c'est pas vrai, ce que j'entends... Vous m'aurez tout fait...

– Mais non, mamman, c'est pas vrai. Tu sais bien que les Baudrillard ont jamais pu nous sentir. Surtout depuis l'histoire.

On frappe. La mère et la fille se regardent. Simone fait un pas vers la porte.

– Chut ! Attends, n'ouvre pas, c'est sûrement un malheur ! Qui ça peut bien être ?

– C'est peut-être la police, pour André.

Ça insiste à la lourde.

– Y a quelqu'un ? C'est Jean. Ouvrez, je vois bien qu'y a quelqu'un, y a de la lumière.

– Jean ? Va ouvrir, c'est Jean !

– Jean ?

– Bah, t'entends bien ! On arrive, Jean ! C'est bien toi ?

La mère se lève et rejoint sa fille à la porte. C'est bien lui. Jean, c'est l'aîné. Deux ans passés qu'il était plus là. Monte-en-l'air récidiviste, il a plongé la dernière fois pour deux visites d'appartement et détournement de camion à bestiaux. Avec un complice qui bossait aux abattoirs, il avait réussi à planquer un camion plein de barbaque pendant quelques jours, dans un hangar à la cambrousse, pour faire du trafic avec des mandataires. Trois ans ferme. Il devrait pas être là.

– Jean ! Mon petit Jean ! Pourquoi t'es là ? Me dis pas que tu t'es évadé !

Il se marre.

– Un peu, que je me suis évadé ! Grâce à une lime et à un surin dans une galette des rois. J'ai même fait une boutonnière à un maton !

La mère s'écroule à nouveau sur le divan. Elle pleure à chaudes larmes. Aussitôt, il se précipite.

– Allons, la mère, faut pas mordre à toutes mes chansons. Je déconnais. Remise de peine pour bonne conduite, j'ai eu. Tu crois quand même pas que si j'étais en cavale, je rappliquerais ici ? Pourquoi pas au central !

Il s'assied à côté de sa mère et passe un bras sur ses épaules.

– T'en fais pas, je suis en règle, j'ai raqué. Remarque, il était temps, je commençais salement à loucher vers le mur. J'avais un plan. Y a pas quelque chose à boire ? Alors, Simone, t'es pas encore au frigo ? Il a soif, ton frangin ! Dis donc, t'as grossi, toi, ma vache, tu vas pas assez au cul. Je croyais que tu devais te marier ?

Elle va à la cuisine sans répondre. La mère lui fait signe de se taire. À voix basse :

– Laisse-la tranquille, je t'expliquerai.

Simone se ramène avec une bouteille de bière et un verre. Et les pose sur une table basse près du divan. Jean se sert, boit d'un trait et rote un grand coup.

– Ahhh, putain ! Ça fait du bien. Elle paraît bonne, la bibine. C'est la première chose que j'ai faite en sortant. Un grand demi au troquet. Ah, le patron du troquet en face de la taule, tu parles s'il est aux as ! Tous ceux qui sortent, tournée générale ! Tu verrais, les vieux de la maison de retraite à côté, si ça rapplique ! Ils le savent, les charognes, quand y a une levée. C'est le patron qu'est renseigné par les matons. Ah, il oublie pas d'annoncer la nouvelle ! Ils sont tous là, aux tables, avec leur guindal qui demande qu'à être rempli. Crois-moi, quand tu sors, t'y regardes pas. T'es tellement de bonne humeur que, si t'avais les moyens, t'arroserais toute la ville. Même le plus pingre, ce jour-là, il est large.

Il reboit et rote encore.

– J'ai écrit mon nom et mes dates d'entrée et sortie sur un rond de bière et le tôlier l'a mis au mur avec une punaise. Y en a un mur complet. Tu regardes les dates. Y en a qui ont tiré vingt piges, et même plus. Ah, il a dû leur sembler bath, le bistrot du vieux, à ceux-là ! Déjà, pour moi, le paradis ! Faut tomber une fois pour comprendre ça. Je peux pas expliquer ce qu'on ressent. T'as envie d'embrasser tout le monde. Même les plus tartes. Les viocs sans chicots, les cloches à eczéma, tu leur roulerais des galoches. Tu les vois bandant. Y en a qui tiennent pas en sortant. Trop fort ! Y craquent. À peine dans le trocson, y descendent quatre ou cinq godets à la file et se retrouvent poivres aussi sec. Faut les retenir, les raisonner, y feraient des conneries. Pourtant, on en parle assez, en cabane ! Y a des histoires qui circulent. Une fois, y en a un, comme ça, dix piges qu'il avait tirées. Il a commencé à mettre le nez dans le jaja, en trois godets il était schlass. Il s'est mis à jaspiner à fond de train. N'importe quoi, qu'il racontait. Le souffle lui manquait. Il a eu une attaque. Raide le long du zinc. C'est le taulier qu'y a bouclé les châsses. T'imagines l'affaire ?

Il s'adresse à sa sœur.

– Il a même pas eu le temps d'aller caramboler sa grosse. En plus, figure-toi qu'il avait plongé pour avoir cambuté un jacquot.

– Un quoi ?

– Un coffiot ! Il avait fracturé un coffre, si tu veux. Il avait eu le temps de planquer le magot. Y en avait pour plus de cent bâtons. Lui seul savait la planque. Tu penses qu'il aurait été filé, mais en dix berges, il avait eu le temps de gamberger à la manière de refaire les condés. Il se voyait déjà dans les pays chauds, avec blazer et larbins. C'est l'émotion qui l'a eu. Le magot roupille toujours. C'est des coupures. Quand on les retrouvera, ça aura plus cours. C'est pas rose.

Un autre, tiens. Même genre de sortie. Mais lui, une fois poivre, il a vu rouge. Il a voulu bastonner les clilles. C'était une armoire. Il a fallu appeler les bourres. Il a retraversé la rue fissa. Huit jours, qu'il a refait. Paraît qu'y chialait comme une frangine. Ah, non, faut faire gaffe. Dis donc, y fait soif. Y a pus de bière ?

– Non, on devait faire des courses...

– Bon, je vais y aller, faire les courses. Ce soir, on fait le repas amélioré. C'est fête. Dis donc, et les autres ? Daniel, André ?

– Oh, au fait, Daniel, il est encore aux cabinets. Tu sais pas ce qu'il a fait ?...

La mère intervient.

– Bon, ça va comme ça. Il est constipé. Daniel, viens voir, y a Jean.

– Ben, merde, depuis que je suis arrivé, il est aux cagoinces ?

Il plaisante.

– Dis donc, Daniel, tu serais pas plutôt en train de te taper un rassis ? Quel âge ça lui fait ? Quatorze ? Ça doit déjà le travailler. Je vais l'emmener aux putes, moi. Allez, Daniel, range ta queue et viens faire la bise. Tu sais que la branlette, ça colmate les étiquettes.

On entend le bruit de la chasse d'eau. Daniel sort.

Jean siffle d'admiration.

– Eh ben mon salaud ! T'as pris des épaules, en deux piges ! Ça doit cogner. Qu'est-ce qu'y doit prendre sur la gueule, le fils Sollers !

– Il a déménagé.

– Ah, bon ? Oh, c'est pas les têtes à claques qui manquent ! Et Dédé, où il est, ce con-là ? Il est encore au bistrot, à se faire refaire au 421 ?

C'est la mère qui parle.

– Mon pauvre Jean, justement, d'après Daniel, paraît qu'il a eu une histoire. Que la police est venue au tabac. Hein, Daniel, qu'est-ce que t'as vu ?

– Les flics sont venus au tabac, ils ont embarqué André et Deleuze, mais je sais pas pourquoi.

La porte s'ouvre. C'est André.

Jean et André, en même temps :

– Ah, bah, merde !

De nouveau en chœur :

– Alors, y t'ont relâché ?

– Raconte, raconte, dit Jean, on s'inquiétait !

– Oh, des conneries ! C'est Deleuze qui a trempé dans un coup. Il a chouravé des bagnoles pour Lévy, le garagiste. Tu connais le coup : il les met en pièces détachées, un coup de barbouille, et en mélangeant tout ça il t'en refait des neuves. Ni vu ni connu. Seulement, c'te cave de Deleuze, y s'est fait reconnaître par une bignole qui gaffait au carreau la nuit où y se faisait une des caisses. Comme ils étaient deux et qu'on était ensemble au troquet, les bourres ont pas fait de détail. Heureusement que j'avais un alibi !

– C'était pas toi ?

– Dis donc, je suis rangé. Ça suffit, l'aventure. J'avais un exemple dans la famille. C'est trop raide... Non, c'est Lyotard qu'était avec lui. Je sais pas si Deleuze va cracher le morceau. Quand y m'ont relâché, ils commençaient à le cuisiner. Il est mal tombé, c'est le commissaire Barthes qu'est sur l'affaire. En sortant, je l'entendais déjà gueuler. Avec lui, t'as intérêt à bien causer. C'est un maniaque de la jactance. Y te reprend tout le temps. T'as encore plus de chances de t'en sortir en jactant bien qu'en étant innocent. Mais, dis donc, t'as pris le train d'avant ?

– Remise de peine.

– Tu cirais les pompes des matons ?

– Presque.

– Bah, nous revoilà au complet. On finit toujours par rentrer au bercail. Même Simone qui a failli se marida ! Finalement, elle est là.

– Ah oui, au fait !

– Ah, t'es pas au parfum ? C'était Baudrillard, l'élu. Seulement, il a un peu forcé. Il a fallu que j'intervienne. C'était moins une.

– Quoi, ce lavedu ? Y se lance, dis donc !

Daniel intervient.

– Maintenant, il raconte des trucs, le grand Baudrillard.

– Daniel, tais-toi !

– Bah, quoi, laisse-le parler, la mère ! Qu'est-ce qu'y raconte ? Qu'est-ce que t'allais dire, Daniel ?

– Il dit qu'elle fait la putain à l'usine.

– C'est vrai, ça, Simone ?

– Non. Depuis que je suis plus avec, il arrête pas de m'emmerder.

– Bon. Tu viens, Dédé, on va aller lui dire bonjour.

– N'allez pas faire des bêtises. Jean ! Tu ne devrais pas...

– T'en fais pas, m'man.

Ils sonnent chez Baudrillard. Il ouvre. Jean le chope au col.

– Dis donc, toi, maquereau de mes deux ! Tu prends tes désirs pour des réalités ? Je vais te la caresser, ta petite gueule, moi ! Je vais t'apprendre la correction avec les dames !

Il commence à le cogner, le frère prend le relais, mais l'autre se défend pas mal. Ça valse, dans la carrée ! La mère Baudrillard, dans la pièce d'à côté, fait le numéro des bourres.

Sirène et ballon. Il a bien fait de pas faire les courses, le Jean.

25

DES GRENADINES

– Tu sais ce qu'on a vu, maman ? On a vu quelque chose que j'ose même pas te le dire.

– Qu'est-ce que tu racontes ? Fais attention, ne saute pas comme ça quand je repasse, tu pourrais faire tomber le fer.

– Avec Joëlle, on a vu... Dis-lui, Joëlle, t'as dit que si j'osais pas le dire, tu le dirais.

– Non, t'as dit que ça serait toi qui le dirais. Moi, j'ai dit si tu le racontes, je dirais que c'est vrai.

– Ah, non, ma vieille, t'es une menteuse !

– C'est toi, la menteuse ! Tu vas voir si je t'attrape...

Elles tournent autour de la table. Un pied se prend dans le fil, le fer tombe.

– Ça y est, je vous l'avais dit ! – Elle distribue des gifles. – Allez ! Au lit ! Vous vous rendez compte qu'on aurait pu se brûler ? Vous allez voir quand votre père va rentrer ! Je vais lui dire que vous n'êtes pas sages. Qu'est-ce que c'est que cette histoire ? Qu'est-ce que vous vouliez me raconter ?

– On le dira pas, d'abord...

– Chantal, Joëlle, je vous préviens, ça va aller mal, vous n'allez pas vous moquer de moi longtemps, je vais aller chercher le martinet !

– Non, pas le martinet !!! C'est Joëlle qui a tout vu ; moi, j'ai vu juste un peu.

– Alors, Joëlle, raconte, puisque tu voulais m'en parler toute seule. Raconte !

– Non !

– Tiens, j'entends votre père qui rentre, on va bien voir.

Le père rentre. Il va jusqu'à la chambre des filles.

– Bonjour tout le monde !

– Ah ! Henri, tu arrives bien, elles ne sont pas sages. Elles m'ont cassé les pieds pour me dire quelque chose. Elles ont fait tomber le fer...

Bref, elle lui raconte.

– Chantal, Joëlle, si vous avez quelque chose à raconter, faut le faire quand votre mère vous le demande.

C'est Joëlle qui parle.

– Il y avait M. Grugier à sa fenêtre et il avait pas de culotte.

– Comment ça ?

– Il avait juste sa chemise, et il l'a ouverte quand on est passées.

– On a tout vu (c'est Chantal).

– Tout vu quoi ?

– Hi hi hi !

– Bon, tu viens, Irène ? On en reparlera demain.

Ils sortent et ferment la porte.

– Henri, tu te rends compte ! Ça ne m'étonne pas de ce vieux salaud ! Souvent, quand je vais faire les courses et que je passe devant chez lui, il me regarde d'un air vicieux.

– Bon, écoute, demain, je vais au commissariat.

Le lendemain :

– Chantal, Joëlle, vous allez me répéter ce que vous avez raconté hier. Vous êtes sûres que ce n'est pas un mensonge ?

– Moi, j'ai vu juste un petit peu. C'est Joëlle qui a vu.

– Alors, qu'est-ce que tu as vu, Joëlle ? Il avait juste une chemise et il vous a montré tout ?

– Oui.

Bon. Irène, j'y vais.

– Alors, d'après vos fillettes, ce M. Grugier serait exhibitionniste ?

Il est difficile d'intervenir comme ça. Vous savez, les enfants... Si vous désirez déposer une plainte, il faut d'abord qu'on entende vos filles.

– Chantal, Joëlle, vous allez raconter au monsieur tout ce que vous nous avez raconté hier et ce matin. C'est très important.

Le commissaire fait son métier de psychologue en chaussettes à clous.

– Attendez qu'elles s'asseyent.

Il les dirige vers les deux sièges qui font face à son bureau et les y installe.

– Vous avez soif, hein ? Ça donne soif, une promenade comme ça ! Les parents n'y pensent pas, à ces choses-là. Les parents, ça n'a jamais soif. C'est comme les chameaux, ils ont leur réserve quelque part. Qu'est-ce qu'elles veulent ? De la grenadine ? Avec de la limonade ? Ça pique un peu, mais c'est bon.

Il ouvre la porte de son bureau.

– Planton, deux grenadines, là, au tabac, et pendant que vous y êtes, ramenez-moi des « Royales »... Hé, attendez, planton !... Des diabolos ! Des diabolos grenadines !

Et il se ramène avec un grand sourire. Les gamines, assises dans leur fauteuil trop grand, avec leurs parents debout et ce monsieur louchement prévenant qui leur tourne autour, les gamines, à l'inverse de ce qu'augurait la mise en scène, semblent plongées dans l'angoisse la plus absolue. Pas un mot en réponse aux questions. C'est le père, qui, sous la menace d'un rencart avec le loup, réussit à faire sortir Joëlle de son mutisme ; chaudes larmes... « Pas le loup ! Pas le loup ! »

Le commissaire reprend la parole avec ses velléités d'instituteur. Ah, oui, on oubliait, il avait dit, avant : « Au fait, est-ce que c'est le chameau ou le dromadaire qui a deux bosses ? Vous devriez savoir ça, des grandes filles comme vous ! » Et il avait donné la réponse vite fait lui-même, comme pour leur faire une fleur. Il avait donc repris :

– Non, non, non ! C'est promis, il n'y aura pas de loup. D'ailleurs, je vais vous le prouver, le loup est un animal qui vit...

Il interroge les fillettes du regard, puis :

– Où ?... Où il habite, le loup ?

L'une des fillettes lâche timidement :

– Dans les bois.

– Exactement ! Alors, tu sais bien que, s'il habite dans les bois, il peut pas venir dans les villes. Sinon les chasseurs le...

– Tuera.

– Le tuera, eh bien, oui ! Le tuera, si tu veux. Alors, tu vois bien qu'il n'y a pas de danger. Alors tu vas être bien gentille et nous raconter l'histoire que tu as racontée à ton papa et à ta maman.

– Non.

Elle est dans les jupes de sa mère et s'accroche ferme. La tête enfouie au maximum.

Le père commence à craquer.

– Bon, Joëlle, maintenant, ça suffit ! Tu vas nous dire ce que tu sais.

C'est lui, maintenant, qui joue le flic dans la séquence du prêt à tout. À l'intimidation. Le commissaire tente autre chose. Il demande aux parents de sortir. Ensuite, il s'adresse de nouveau à Joëlle.

– Tu sais, les papas, ça crie toujours un peu. Moi, j'aime pas beaucoup ça non plus. Mais maintenant, on est entre nous, on va pouvoir bavarder un peu. Ah, voilà les grenadines !... Vous en avez mis du temps, mon vieux, je vous ai pas envoyé au tabac pour vous détendre !

– Il y avait du monde, monsieur le com...

– Allez, allez ! Posez ça là et disparaissez ! Vous voyez, les enfants, moi, quand je crie, c'est pour quelque chose. Allez, buvez, vous allez voir, ça fait du bien. Bon, maintenant qu'on est tranquilles, vous allez me la raconter, votre petite histoire ?

– ...

– D'ailleurs, si vous voulez, je vais vous mettre sur la voie ; mon petit doigt, qui me renseigne un peu, m'a dit que votre histoire se passe à une fenêtre. On y voit quelqu'un à une fenêtre. C'est bien ça ?

Les petites acquiescent.

– Bon, alors, maintenant, vous pouvez continuer.

– Hoou ! Je veux voir maman !

– Tu la verras après, quand tu m'auras raconté ton histoire. C'était la fenêtre de chez monsieur... Grugier, c'est bien ça ? Et qu'y voyait-on, à la fenêtre de M. Grugier, on voyait monsieur...

– ...

– M. Grugier. C'est bien ça ? À la bonne heure, on commence à s'y retrouver. Et comment était-il, ce M. Grugier ? Il portait un manteau ? Non, il ne portait pas de manteau car nous sommes en...

– ...

– En...

– France.

– Oui, d'une part, nous sommes en France et, surtout, en été. Donc pas de manteau.

– ...

– Bien... S'il n'avait pas de manteau, il avait tout de même une chemise. N'est-ce pas, mes grandes filles ?... Bien. Une chemise et un pantalon ?

– Non.

– Ah ! il n'avait pas de pantalon ?

– Si !

– Mais non, il n'avait pas de pantalon. Souvenez-vous que nous sommes en été. En plus, il était dans sa chambre, près de son lit. Il n'avait donc pas de pantalon. Attendez pour taper, Boslek.

– Je veux voir maman.

– Bon, on va l'appeler cinq minutes pour qu'elle te mouche ton nez, mais après, on a encore à parler un peu.

– Planton ! Allez me chercher Mme Le Tellier. Madame seulement. Madame, si vous pouviez moucher la petite, on a presque fini, je vous les rends dans cinq minutes et vous pourrez les emmener à la foire sur les manèges, elles l'auront bien mérité.

– Dépêchez-vous, mon mari doit reprendre son travail et il aimerait bien savoir avant de partir.

La mère sort, les fillettes descendent des sièges et la suivent. S'accrochent à ses jupes.

– Maman !!

– Ah, non ! Il faut rester encore un peu. On n'est pas encore tout à fait d'accord.

– Bien ! Donc, il avait un pantalon ?

– Non.

– Ah, il faut vous mettre d'accord !

– C'est pas M. Grugier qu'avait pas de pantalon.

– Comment ça ? Il y avait quelqu'un en plus ?

– On l'a dit pour embêter Christine Grugier.

– Mais qu'est-ce que vous me racontez ?

– On a dit qu'on raconterait qu'on a vu son père tout nu à la fenêtre parce que c'est elle qui disait qu'elle avait vu le nôtre.

– Ah, bon ? Tiens donc, comment cela ?

– Elle a dit qu'elle avait vu notre papa tout nu, à la fenêtre, avec juste une chemise, et qu'il lui a montré son zizi. Et qu'elle allait le dire à sa mère. Et nous on a dit : « Si tu le dis, on dit pareil. »

– Mais c'est très intéressant, ce que vous me dites là ! Vous êtes sûres que c'est bien vrai ? Bon, écoutez, vous allez sortir voir votre maman, et si vous revoulez de la grenadine, faut pas hésiter à en demander.

– Dites à M. Le Tellier de venir. Uniquement lui. Alors, monsieur Le Tellier, asseyez-vous.

– Vous en êtes venu à bout, monsieur le commissaire ?...

– Ah ! elles ont parlé... Finalement, ça valait le coup de le leur faire répéter. La première version était assez inexacte. Dites-moi, monsieur Le Tellier, pensez-vous qu'il faille être sévère avec les exhibitionnistes ?

– Écoutez, devant des enfants...

– Vous tenez à votre plainte ?...

– Ah, oui !

– Bien, vous pouvez disposer, je vous tiendrai au courant.

– Madame Grugier, si je vous ai convoquée avec votre petite fille... Tu veux une grenadine, toi ? Tu dois avoir soif ! Planton !... Si je vous ai convoquée, c'est pour m'assurer de quelque chose.

Votre fille vous a-t-elle récemment parlé d'une manière particulière de votre voisin, M. Le Tellier ?

– Écoutez, elle ne m'a rien dit de particulier. Hein, Christine, tu voulais me parler de M. Le Tellier ?

– Non !

La gamine se renfrogne.

– Mais faut pas avoir peur, tiens, voilà ta grenadine ! Merci, planton, fermez la porte, voilà ta grenadine avec de la limonade. Diabolo grenadine. Tu n'as rien raconté à ta maman ? Pourtant, tes petites camarades, elles en ont raconté, des choses... Tu as vu M. Le Tellier à sa fenêtre l'autre jour. Et comment il était ?

– Non, c'était papa.

– Comment ça ?

– J'ai vu papa tout nu à la fenêtre de Mme Le Tellier, alors j'ai dit que je le dirais à maman alors elles ont dit que si je le dirais elles raconteraient qu'elles ont vu mon père.

– Mais qu'est-ce que tu racontes, ma petite fille !...

Le commissaire la renvoie en gueulant qu'il ne veut plus entendre parler de cette histoire. La mère pleure. Pourtant, si l'on pousse plus loin l'interrogatoire, on apprend que les deux maris se grimpent dessus fréquemment, qu'une tante vient souvent partouzer avec Mmes Le Tellier et Grugier réunies et que la grand-mère est enterrée dans la cave.

26

ENCULERIE

Franck parle : « Ça fait chier quand même qu'il flotte comme ça. On s'emmerde, on peut rien faire. On peu pas aller chez toi, la buse ? On regarde des bouquins, je sais pas moi, on fera pas les cons. »

La buse, c'est Buzzandier. Le fils Buzzandier. Ils veulent aller chez lui parce que c'est le seul du groupe dont la mère travaille au dehors. Les autres sont femmes au foyer. Pas question d'aller jouer dans la maison quand elles sont là. Encore moins les jours de pluie. Pour aller dégueulasser...

– Arrête ! Après, qui c'est qui se fait engueuler... tu t'en branles toi.

– Mais on nettoie, si on salit. On va quand même pas te faire avoir des emmerdes, tu nous prends pour des emmanchés.

– Tu peux parler toi, quand t'as cassé la porte du garage chez Monceau tu l'as réparée peut-être ? Tu t'es tiré.

– Oui mais enfin, c'est pas pareil, là je parle pas de casser une porte.

– Encore bon.

– Moi en ce moment, j'en ai plein le cul du centre commercial. Tu vois, j'ai envie de bouquiner tranquille, je sais pas...

– Si tu veux bouquiner tranquille, tu peux aller chez ta vieille, quand même, déconne pas. Elle va pas te virer.

– Ouais, mais quand je dis bouquiner, c'est bouquiner et discuter en même temps. On lit un peu, on se raconte des conneries...

– Et on se branle.

C'est un autre qui vient de dire ça. Titi. Titi Jaubert. Il est un peu plus jeune que les autres. C'est le marrant lui. Faut toujours qu'il place une connerie. L'autre fois, ils étaient au magasin pour acheter des chewing-gums, il y a une bonne femme, celle de la caisse, qui lui dit : « Tu peux pas attendre ton tour toi ? » Et il lui répond : « Oh non, j'ai envie de te tringler tout de suite. » Les autres se sont fendu la gueule, mais lui a pris des coups de pied au cul par un gardien du magasin. Et il a plus le droit d'y aller.

Alors là, tout de suite, la buse lui répond :

– Tu te branles en pensant à la grosse de Félix Potin. Ah ! Ah !

Ils se marrent tous les quatre. Le quatrième étant Tarek, parents tunisiens, qui ajoute : « Et tu lui enfonces un doigt dans le cul, oh ! oh ! oh ! »

– Ta gueule, toi, c'est bon pour toi. Je suis français moi, je suis pas arbi. Y a pas que des pédés en France ! Où que c'est qui va, l'autre !...

Il termine bizarre, le petit Titi, il sent qu'il a été un peu loin. L'autre lui fonce dessus et lui fout une pêche dans la gueule.

– Tu redis jamais ça, parce que là, c'est un coup de surin que tu prends.

Les autres viennent arrêter tout.

– Arrête Tarek, déconne pas !

– Quoi, ça y est, j'arrête. Vous avez entendu, non ! Il insulte ma race, l'enculé ! Crois-moi que t'as intérêt à te tenir à carreau parce que si j'en parle à mon grand frangin et qu'il te bloque avec ses potes, tu pourrais bien te retrouver emmanché par une pine et avec du papier de verre autour. Là tu t'en souviendras, crois-moi. On verra qui c'est le pédé.

– Remarque Tarek, s'ils l'enculent, dit la buse, on peut dire que c'est des pédés du coup.

– Ah non, je te ferais remarquer. Le pédé, c'est celui qui se fait enculer. Celui qui pine l'autre, il est pas pédé. Ça compte pas où que tu mets ta queue.

– Qu'est-ce que tu déconnes ?

– Quoi, c'est pas vrai, peut-être ?

– Pédé, c'est le coup d'aller avec un mec, hein, peu importe le sens.

– Ah non, alors là, permets-moi de te dire que tu ramènes ta gueule sans rien savoir. Le pédé c'est l'enculé. L'autre, ça n'a rien à voir.

– Ça n'a rien à voir ! C'est quand même de la même famille.

– Ça-n'a-rien-à-voir ! Presque toutes les femmes se font enculer. Il paraît que celles qui ne veulent pas, c'est parce qu'elles croient que ça leur réussit pas. Que ça fait trop mal. D'ailleurs en passant, elles devraient se dire que c'est pas si terrible. Si y a tant de pédés, c'est que ça doit pouvoir rentrer.

– Ah ouais, c'est vrai en fait, c'est vachement élastique tout ça. Faut y aller doucement, c'est tout. Mettre du gras mais après tu peux. D'abord y paraît qu'en Amérique ils s'enfoncent le poing dans le cul, les tantes.

– Arrête, quand même...

– Quoi, tu paries ?

– Arrête je te dis. Le poing ! Déjà dans la gueule tu peux pas le rentrer...

– Mais c'est normal, la gueule c'est la mâchoire. C'est des os, si t'écartes trop, tu les pètes. Tandis que le cul, c'est élastique. C'est comme le bargin des gonzesses tu peux le...

– Le quoi ?

– Le bargin !

– Le vagin, con ! Tu devrais retourner à l'école. Alors c'est moi, l'Arabe, qui dois, t'apprendre le français !

– Oui enfin, tu feras un cours de français plus tard. Mais en tout cas, ce que je veux dire c'est que le truc de la femme puisque tu fais passer des gosses c'est que c'est vachement élastique. Justement je pensais à ça l'autre jour parce que Dugué qu'avait soi disant tiré la blonde de l'auto-école, il racontait... Enfin pas lui, tu sais le frère de Simon...

– Oui bon accouche, merde !

– Enfin il disait : « Y a que le train qui lui est pas passé dessus. » Il sentait plus sa queue toucher les bords. Ça n'a rien à voir parce que à ce moment-là, une grosse qui vient d'avoir un môme, même à trois bites tu sens rien. Hein ? Réfléchis un peu.

– Hé les mecs, vous faites chier, moi je caille là, on peut pas aller discuter de ça quelque part ?

– Je vois pas où ailleurs que chez la buse.

– Mais puisque je vous dis que...

– T'es dégueulasse la buse, alors là viens plus me demander de te prêter ma mob ou...

– Hé arrête, c'est pas pareil quand même. C'est pas à moi l'appartement. C'est à mes vieux. Ta mob, c'est à toi.

– Justement, ça te demande moins de sacrifice.

– Allez la buse, on fera gaffe.

– Vous faites chier hein ! De toute façon faudra qu'on se barre avant sept heures moins le quart, parce que...

– Ahhh ! Super ! Il a dit oui ! Hé on y va, mais on emmène pas l'autre petit connard.

– Arrête Tarek merde, qu'est-ce qu'il t'a fait !

– Oh il a dit ça comme ça, et puis merde c'est quand même vrai que les Arabes sont tous un peu pédés.

– Quoi ?!

– Non, mais je dis pas les Arabes comme toi, mais les émigrés c'est dans leurs mœurs. C'est comme pour nous de boire un canon, si tu veux. Eux ils boivent pas, mais...

– Mais ils s'enculent. Hi, hi !

C'est Titi qui vient de le dire. On peut dire qu'il les cherche lui, les pêches.

– T'en reveux une, toi ?

– Arrête merde, si on peut plus déconner. T'es devenu rudement chatouilleux, dit Franck.

La buse parle.

– Bon hé, on va pas s'engueuler comme des cons, on va chez moi, on se calme, et on discute sérieusement. Le premier qui s'énerve, y se casse.

– Holà, tu deviens rudement autoritaire, la buse.

– Normal mon pote, c'est moi le chef.

– Le chef de mes couilles.

– Tes couilles de puceau.

– Puceau toi-même, hé.

– Quoi, viens le dire ici, si t'es un homme !

Ils chahutent un peu.

– Tu veux que je te les attrape, tes petites couilles ?

– Arrête, arrête, con ! Mon froc vient d'être réparé. Arrête. Hi ! Hi ! Hi !

– Hé, en arrivant chez moi, discret hein. Pas tous ensemble, faut pas que la voisine nous voit, elle répète tout.

– Je l'encule moi, ta voisine.

– T'encules tout le monde, toi. Hé au fait, avec ta façon de voir, Tarek, si t'encules la voisine, alors c'est elle le pédé ?

– Quoi ? Si je me tape une femme, tu vas quand même pas me dire que je suis pédé ?

– Oui, mais tu l'encules.

– Et, mettons qu'on te bande les yeux. On t'approche d'un cul, tu l'enfiles, tu peux pas savoir si c'est un mec ou une grosse.

– Moins fort les mecs, on arrive près de chez moi. Alors tiens Titi, tu viens avec moi, et vous deux, vous venez après.

– Viens, viens.

– Je peux venir, alors.

Il regarde Tarek.

– Vas-y, va, petite merde, je te le permets.

Tarek reste avec Franck.

– Il m'énerve, des fois, le Titi.

– Il est jeune.

– Moi j'ai dix-sept ans. À quatorze, j'étais moins con que lui. En plus tu vois, qu'y me traite de pédé alors qu'il a l'air d'une gonzesse, ça fait quand même chier.

– Oui bon, laisse tomber. Tiens il nous fait signe à la fenêtre. On monte.

Ils arrivent dans l'appartement.

– Putain, c'est classe chez toi !

– T'es jamais venu ?

– Son vieux il est ingénieur. Ça ramasse.

– C'est quoi ça ? Putain, une vidéo !

– Oui hé, fais gaffe ! Commence pas à tripoter tout, sinon mon père...

– Et t'as des films. Des westerns.

– De toute façon, je préfère qu'on regarde un film, comme ça vous ferez moins les cons.

– Où y sont les films ? Ah là.

Il fouille dans une espèce de bibliothèque.

– Non, c'est pas là. Ça c'est des films qu'il fait. Des trucs de famille. Ils sont là, les autres.

Ils se mettent à regarder les titres et finissent par opter pour un policier.

– Putain, c'est super la vidéo. Moi j'aurais ça, je sors plus.

– Hé, tes cendres merde ! Déjà que si on clope tous ça va se sentir.

– On ouvrira la fenêtre.

– Tu pourrais prendre un cendrier, tout de même. Putain merde ! Chier !

– Fermez vos gueules, j'entends pas le film.

– Dis donc, c'est quoi ça ? « Orgie totale ». C'est un film de cul ?

– Où tu l'as trouvé ?

– Là, derrière les bouquins.

– C'est ton père qui regarde ça ? Ou ta mère ?

– Jamais vu. Donne ça, fais pas le con !

– On le passe. Merde. Arrête l'autre film, on en a rien à branler.

– C'est bizarre, mon père pourtant...

– Tu crois qu'y te dit tout ?

Ils mettent le film.

On commence à voir un type qui sort faire pisser son chien, un gros. Il rencontre une femme qui sort le chien. Un petit. Il lui fait du gringue. Ils se retrouvent vite dans l'appartement. Il y a un garçon et fille qui prennent un petit déjeuner. La femme dit en passant : « Partez au lycée et travaillez bien. J'ai à parler avec monsieur. » Après quoi, on les voit elle et lui baisant dans tous les sens puis lui la faisant couvrir par son chien et les deux frères et sœurs qui matent à la serrure en viennent à se grimper dessus aussi. Ça les émeut drôlement les quatre jeunes chez la buse. Ils sont gênés, mais les grandes gueules reprennent le dessus.

– Putain, ça dégage. C'est du super porno.

– Encore c'est rien, ça.

– Qu'est-ce que t'en sais, toi ! Ho mais, hé, les mecs, regardez le Titi, y trique !

– Arrête !

– Regardez !

Il lui attrape la queue au travers du froc.

– Arrête con. Toi aussi tu bandes.

– Oui, mais moi c'est pour mieux t'enculer, mon enfant. Aidez-moi les mecs, on va voir qui c'est le pédé. On va l'avoir sa rondelle.

– Arrêtez.

– Chope-le. Hi, hi, hi !

Ils le font comme ça à la rigolade mais en viennent tout de même à lui baisser le grimpant. Et à l'enfiler tout à tour. Le dernier n'a pas fini quand la porte s'ouvre. Madame Buzzandier regrettera longtemps d'avoir choisi ce moment pour rentrer chez elle avec un amant (sortie du bureau à 15 heures, une migraine épouvantable, qu'elle a dit au chef).

Quand au père de Titi, il s'en souviendra puisque c'est lui l'amant. Enfin, c'est moins grave que la guerre.

27

VOUS VOYEZ BIEN QU'IL EST BOURRÉ !

Tu parles d'une merde au bal du bled !... À cause de Sylvain Robineau, on a failli se faire casser la gueule.

C'est Richard Ruffier qui l'a trouvé, complètement bourré, près de l'entrée du guinche, avec un tuyau dans les pattes. Il arrosait tout le monde. Des mecs essayaient de passer derrière lui pour fermer le robinet, chaque fois il les inondait.

Au moment où on s'est pointés, un gros type s'apprêtait à lui balancer une méchante caillasse.

– Arrête ! On le connaît. Il va nous écouter.

– Oui, bah, il a intérêt à s'arrêter tout de suite, sinon y prend ça dans la gueule. Il a arrosé ma femme. Elle est trempée. Jeanine, va dans la voiture, j'te dis, tu vas attraper la crève !

– Regardez-moi ça dans quel état il m'a mise ! On devrait appeler la police. Salaud ! Salaud !

– Jeanine, va dans la voiture !

Elle voudrait bien qu'il la prenne dans la gueule, la caillasse. Elle en revient pas qu'il se soit permis ça. Maintenant, elle exhorte son jules à punir le voyou.

– Fous-lui dans la gueule, Roger, à ce salaud.

– Va-dans-la-voi-ture !

Il y en a deux autres, ruisselants, qui se sont rangés derrière elle.

Ils souhaitent aussi le châtiment. Le gros, qui l'avait menacé comme ça, pour lui faire peur, commence à se demander s'il ne va pas être obligé de lui balancer. On intervient.

– Déconne pas, Sylvain, pose le tuyau.

– J'arrêterai si l'autre pose son pavé.

Le robinet est ouvert à fond. Il tient le tuyau pointé vers ses pompes, il est dans une mare. Prêt à lever le bras pour inonder l'attaquant.

Richard s'est glissé derrière Sylvain. Il coupe la lance. Le gros pose son pavé et fonce sur Sylvain. Il le chope au colbac. Faut le retenir sans trop avoir l'air d'entrer dans la bagarre, il nous foutrait sur la gueule, c'est un buffle.

– Arrête ! Arrêtez, m'sieur ! Il est bourré, il tient pas en l'air, vous voyez bien...

On ramène Sylvain. Il a des velléités de castagne.

– Laissez-moi ! Lâchez-moi, je me le mange.

– Allez, viens. T'y es pas. Tu mesures pas.

Au moment de grimper dans la bagnole, il gueule :

– Gros sac ! Gros plouc ! Je te retrouverai et je t'enculerai.

– Vite, vite, ferme la lourde. Démarre, Nanard, ça va mal finir.

La 2 CV démarre. On mate par la lunette arrière. Le gros, accompagné par deux pointures similaires, fonce vers une bagnole.

– Appuie ! Appuie ! On va se faire casser la gueule ! Tu fais chier, Sylvain, merde ! Le prochain coup, tu te démerderas.

On a les copeaux. Même à fond, au plancher, la 2 CV vous connaissez.

Les mecs ne tardent pas à nous rejoindre. Queue de poisson. On est bons.

On a tous mis les petits loquets de sécurité. Les mecs commencent à tirer sur les poignées des portes comme des bœufs. La caisse remue.

Ils sont en fureur. D'un coup, il leur prend l'idée de décapoter. C'est vite fait. C'est par-dessus qu'ils commencent à nous empoigner. Ils cherchent surtout Sylvain qui ronfle déjà, recroquevillé à l'arrière dans le bas de la tire. On prend quelques coups, mais Richard reconnaît un des mecs.

– Arrêtez, monsieur Gérin ! On a rien fait.

Sacré coup de bol, M. Gérin a bossé avec le père de Richard. Il est déjà venu prendre l'apéro chez eux.

Ça nous sauve.

– Ah, c'est toi ?... Dis donc, tu crois qu'y serait content, ton père, s'il savait que tu fais le con comme ça ?...

– C'est le copain, il a bu un coup, il se rendait plus compte.

Elle est dégueulasse, tout de même, Lydia, d'avoir laissé tomber Sylvain comme une vieille merde. Il s'en remet pas. Il a le gorgeon suicidaire.

Avant, ses bitures, on s'en plaignait pas. Du charme et de la fantaisie. À quatre pattes, il aurait aidé une vieille à traverser la rue.

Depuis, il fait que des conneries. Samedi dernier, au bal de Chaudry, un mec vient nous voir au bar :

– C'est pas votre copain qui est chez nous ?

Entre eux, des jeunes du patelin, ils ont décidé d'aller ouvrir une boutanche à la maison pour faire une pause gambille. Sylvain avait une oreille qui traînait par là. Il leur a filé le train. Déjà, sur le chemin, tout le monde se demandait d'où il sortait. Il ramenait sa gueule dans les discussions.

– J'suis pas d'accord !

L'index en l'air, à l'ivrogne. Personne ne lui répondait.

– Allez-y, continuez, faut pas vous arrêter pour moi.

Comme ils étaient cinq ou six et qu'ils bavardaient deux par deux sur le chemin, chacun croyait qu'il avait été invité par l'un d'entre eux. Une fois arrivés à la maison, tous le voyaient comme un intrus mais le dernier n'a pas osé lui fermer la porte au nez. Il s'est installé. Ils ont sorti une grosse bouteille. Un magnum de champ, désaffecté et rechargé en marc. Ça fait presque deux litrons. Elle était pas plutôt sur la table qu'il se l'appropriait.

– Allez en rechercher ! Vous en avez plein la cave. Celle-ci, c'est pour ma gueule.

Il était assis à la table, les bras autour de la bouteille. Déterminé. Une chance qu'ils étaient bonne pâte. Pas un violent. L'un d'eux s'est dérangé. Un qui avait dû le voir au bar avec nous.

– C'est pas votre copain qui est chez nous ?

Justement, on se demandait où il était passé. D'habitude, si le temps n'est pas au beau et qu'il doit bricoler avec une grosse, il demande la clé de la bagnole à Nanard. Sinon, il est omniprésent sur le guinche. Là, il avait pas demandé la clé.

Dès qu'il nous a vus arriver il était content.

– V'là mes potes. Hé, les potes, y a à boire ! Ah… Les potes d'abord. C'est normal.

Il a fallu qu'on boive. On était gênés devant les autres, mais c'était la seule solution. Sinon, il résistait. Il partait pas.

La veille, dans un autre patelin. Richard est adossé à un pilier de la salle. C'est le moment du tango. Il aime pas le tango. Il y a des règles, faut apprendre des pas. Il attend le slow. Là, c'est peinard. On cause, on frotte. Quand une fille accepte l'invitation, c'est qu'elle a un *a priori* pour votre bobine. Vous avez une chance pour l'aventure. Le rock, par exemple, on peut le danser sans autre intention. Mais le slow…

Appuyé contre un pilier, il mate pour le slow à venir. Il pousse son pion vers les tangoteuses. Il joue des châsses. Mimiques. Il fait le singe. Celle qui se fendra d'un sourire, il pourra lui proposer la gambille comme à une familière. Il y aura eu accord tacite. Même si elle dit non, ce sera gentiment, sans mépris. Il sera pas l'agresseur. Pas le martien. C'est que c'est pas du nougat pour se placer, si on est manche. C'est comme ça que beaucoup se renferment. Ils virent courrier du cœur, légion, pédalerie ou police. On me l'a dit. Sur l'estrade, ça roupille. Le slow, ils le font à trois. Orgue, basse, batterie. Les cuivres sont à la buvette.

D'un coup : fbreûh ! Un couac dans l'orchestre. Un couac qui fait fbreûh ! C'est Sylvain qui est passé par-derrière. Il est sur l'estrade. Il souffle dans une trompette qu'il a ramassée par là. Les musicos lui lancent des sales coups d'œil mais ils ne veulent pas arrêter le bal. Il faut qu'un des musiciens de la buvette vienne le déloger. Il fout le camp, emportant l'instrument.

De son pilier, Richard voit tout ça. C'est beau, mais il sait déjà qu'il va être concerné. Et nous aussi. Il vient nous rejoindre à la buvette. Il nous raconte, on a vu aussi. On se bidonne. Mais il y a un mouvement de foule. C'est Sylvain. Il courait, la trompette à la main. Les autres l'ont rattrapé et la lui ont reprise.

Maintenant, il se dirige vers nous, accompagné par deux lascars épais. L'œil vitreux, il nous sourit et nous montre du doigt. Un des mecs dit :

– C'est ça, tes frappes ?

Merde, il est gonflé. Les mecs sont deux fois comme nous, en âge et en poids.

– Vous voyez bien qu'il est bourré. Il dit n'importe quoi, on va le ramener.

– Bon, alors vous emmenez votre copain et vous vous tirez vite fait, parce que ça va aller mal !

Dehors, il y a une fête foraine. On se balade un peu. Sylvain a du mal à tenir sur ses quilles. On décide de l'emmener à la voiture pour qu'il roupille un peu.

Arrivé à la bagnole, il s'appuie sur une autre garée à côté. Voilà qu'il dégueule. Une grande gerbe part sur le capot. Mais il y a quelqu'un à l'intérieur. Une dame qui tricotait. Elle sort de la caisse en gueulant. On la calme vite fait, de peur qu'elle rameute du monde.

– On va nettoyer, madame, il est malade, ça arrive.

– C'est une honte, qu'elle dit, boire comme ça à son âge !

On nettoie le dégueulis avec des chiffons. On est en train de le faire que ça gueule derrière nous. Une autre bonne femme sort d'une tire, le tricot à la main.

– Vous croyez que c'est propre ? Je vais aller chercher mon mari. Faut pas vous gêner...

Qu'est-ce qu'il a fait, encore ? Il a pissé, tout simplement !

– Ta gueule, vieille morue ! Elle va pas s'écrouler pour une pisse, ta bagnole ! Tu vas pas nous faire chier, non !

Il est plus en colère qu'elle. Il en a marre de se faire engueuler. Voilà qu'il se révolte. Il en rajoute, elle commence à pousser les hauts cris. Il lui crache à la gueule et fout le camp. Les deux femmes vont ensemble vers le guinche. Ce sont des femmes de musiciens. Elles attendent en tricotant dans la voiture et vont jeter un coup d'œil au bal de temps en temps, pour voir si leur mari ne fait pas d'écart. On a pas intérêt à traîner dans le coin. Déjà qu'elles sont toujours sur les nerfs, là, elles ont trouvé une bonne occasion de se défouler. Elles vont présenter Sylvain comme le pire assassin. En attendant, faut le retrouver. On cherche un peu sur la fête. On le trouve facilement. Le premier attroupement, ça ne peut être que lui. La mère, la fille, le fiancé. Ils se promenaient. Il est passé près de la fille et lui a peloté les meules. Le fiancé veut venger l'honneur. On approche du cercle. Sylvain nous reconnaît, il retire sa veste. L'autre en fait autant. Ils se mettent face à face dans la position des boxeurs. Ça fait drôle, on ne l'a jamais vu se battre. Il suffit d'un coup de poing de l'autre pour l'envoyer à terre. On le ramasse.

– Vous voyez bien qu'il est bourré.

L'autre, qui ne doit pas se battre souvent non plus, est regonflé par sa victoire. Il nous bigle mauvais. Si on en veut, y en a pour nous aussi. On entraîne Sylvain dans la direction de la bagnole.

Du côté de la bagnole, y a du monde. Y a même les gendarmes.

On fait demi-tour avant d'être repérés. On sort de la zone éclairée. Dans une ruelle, on s'assoit sur des marches près d'une porte. On souffle. Sylvain chante, vautré dans la poussière :

– Ah la salope ! Va laver ton cul malpropre, car il n'est pas propre tirelire, car il n'est pas propre tirela...

– Hé, moins fort, tu vas nous faire repérer.

– Qu'est-ce que j'en ai à branler, moi !

– Toi peut-être, mais t'es pas tout seul. Déjà que tu nous as foutus dans une belle merde...

Il reprend de plus belle.

– Aaaah la salope ! Va lav...

Une vague nous arrive sur les endosses. Ça vient de la fenêtre du second. Un plein seau de flotte. On nous a pas loupés. Sylvain commence à coller des coups de pompe dans la lourde.

– Enfoirés ! Vous allez voir, bande d'emmanchés, je vais grimper !

On l'entraîne à nouveau. Il est déjà une heure du matin. On marche un peu. L'église est ouverte. On entre.

– Faudrait aller voir à la bagnole où ça en est. Nanard y va.

En attendant, on va sécher.

Dans l'église, on se case où on peut. Il fait pas chaud.

Un curé se pointe. Il fait son petit tour d'inspection.

On lui raconte qu'un copain est parti chercher la voiture et qu'on se repose un peu. Il nous dit qu'on ne lui doit pas d'explication, qu'on est dans la maison de Dieu, etc.

– Mon père, je voudrais me confesser.

Le cureton sourit, incrédule.

– Je déconne pas, mon père. J'ai des trucs sur le bide.

– Comment ?

– J'ai des trucs que je peux dire qu'à un curé.

– Mais... Il est tard.

Sylvain hausse le ton.

– Alors y a des heures...

Le curé accepte, l'entraîne vers le confessionnal. Une fois qu'ils sont installés, on se déplace sur la pointe des nougats. On se met le plus près possible pour esgourder.

Sylvain parle assez fort.

– On devait se marier. On avait presque tout le trousseau. J'avais trouvé un boulot. J'en avais marre de sortir, de prendre des cuites. On aurait trouvé un appartement. Y a qu'avec elle que j'étais bien au plumard. Et, de toute façon, c'est pas si facile d'en trouver. Elle a foutu le camp avec un vieux d'au moins quarante ans. Son patron. Le patron du salon de coiffure où elle travaille. Comme s'il pouvait pas être pédé comme les autres. Je revois ses jambes, son petit cul, ses slips, ses robes noires. Vous pouvez pas savoir... Mais peut-être que vous savez ?

– Il ne s'agit pas de moi.

– Mais j'en peux plus, moi, mon père. Si vous êtes vraiment un saint homme, allez remettre une soutane et un petit slip, et vous allez la remplacer. Allez ! Allez ! Viens, ma grande.

Il fait le numéro pour nous. Il le tire de sa guitoune.

– Allons ! Allons...

Le cureton n'en mène pas large. Et l'autre de le tirer.

– Allez, va mettre ta robe, grande folle, que je te tringle.

On intervient encore.

– Faites pas attention, mon père, il est bourré. Il a trop bu.

– Sortez ! Sortez de cette maison ! Voyous !

On se cavale. Il nous aura tout fait, Sylvain. On aura bientôt tout le patelin à dos. En sortant, on trouve Nanard qui revient du front.

– Ah, les vaches ! Y a plus personne, mais ils ont crevé les pneus de ma bagnole. Tu fais chier, Sylvain. Moi, je t'emmène plus. C'est fini.

Il a fallu qu'on regrimpe en stop, en se séparant. On ne s'est fait ramasser qu'au lever du jour. Nanard a été récupérer la bagnole avec son grand frangin qui fait de la boxe. Y a pas eu d'histoire. Les gens du bled les ont ignorés. Pendant deux ou trois jours, Nanard a fait la gueule à Sylvain. Depuis, ça s'est arrangé. La preuve, ça se passait la semaine dernière. Aujourd'hui, on a eu l'épisode du tuyau d'arrosage. La semaine prochaine, je sais pas où on va au bal.

28

MODÈLE COURANT

– Bonjour, madame Bessière, on vient chercher Denis.

– Chercher Denis ? Mais il n'a pas fini de manger ! On est en famille, aujourd'hui. Faudrait revenir tout à l'heure, son père ne le laissera pas partir maintenant.

– Bon... On peut le voir pour lui dire où on va ?

– Je vais le chercher.

– Denis, c'est pour toi... Tes copains.

– Il va pas partir maintenant ! Il peut bien faire un effort, pour une fois, merde !

– Mais ne t'énerve pas, Roger, il ne part pas. Il va juste leur dire bonsoir.

– Leur dire bonsoir... Qu'est-ce qu'ils font, d'abord, ses copains ? Ils n'ont pas de famille ? J'sais pas, moi, Noël, ça se fête en famille. Des mômes de dix-sept, dix-huit ans !... Moi, jusqu'à vingt et un ans, j'avais pas intérêt à bouger. Que je sorte de table avant la fin, un soir de Noël, crois-moi, ça ne se serait pas passé comme ça. C'est que le père Bessière, il rigolait pas.

– Mais, Roger, c'était ton époque. Maintenant, c'est plus pareil.

– C'est plus pareil... En attendant, les jeunes qui font des tours de con, ça existe toujours. Y a qu'à regarder dans le journal. Faut le lire un peu, le journal. Les bagnoles fauchées, les vieux qu'on agresse et les accidents de moto !

– Si on pense à tout ça, on ne les laisse plus sortir du tout. Et puis, ceux qui font ces tours-là, faut voir comment ils sont élevés. Quand même, Denis ne manque de rien.

– Ça, bah, il manquerait plus que ça, qu'il dise qu'il manque de quelque chose ! On se crève assez ! Mais c'est pas une garantie, regarde celui qui a fauché la Mercedes et qu'est rentré dans le camion militaire. Dix-sept ans, même pas l'âge du permis. C'était quoi, lui, à ton avis ? Un Mohamed machin ?... Devine un peu. Un ingénieur de l'E.D.F., si tu veux savoir ! Et même, je crois bien qu'il doit être directeur de quelque chose, là-dedans, le père. Alors ? Tu crois qu'il manquait de quelque chose, le môme ? Non, c'est autre chose qui les travaille. Le besoin de faire les cons ! Je regrette, mais, nous, on était pas comme ça.

– Oh, hé, rappelle-toi, vous en avez fait aussi, des tours ! Si je dois croire tous tes exploits avec Raymond !

– Quoi, avec Raymond ? Oui, mais, là, attention ! On avait vingt-deux, vingt-trois ans. On était rentrés de l'armée. C'est pas pareil.

– Denise, vous reprenez de la dinde ? Faut pas avoir peur d'en reprendre, y en a.

– Je crois que c'est les marrons. Elle aime pas trop, avec les marrons.

– Ah, elle n'aime pas ça ! Il me semblait qu'on en avait mangé chez vous l'année dernière...

– Ah, non, l'année dernière, j'ai fait du gigot d'agneau, rappelez-vous. Même qu'on avait dit que c'est pas parce que tout le monde fait de la dinde qu'on doit en faire autant. C'est pas original. Moi, je veux pouvoir faire de la dinde en février si ça me chante.

– Eh bien, reprenez juste de la viande, Denise.

– D'ailleurs, c'est trop sec.

– Mais c'est pour ça qu'on met des marrons, Denise.

– Raymond, un petit coup.

– Holà, doucement, dis donc, j'encaisse plus comme avant, tu veux me pinter.

– Allez !...

– Non, non, j'déconne pas, Roger. Hé, j'ai bu l'apéro, du blanc, et le rouge, c'est le troisième qu'on attaque. Tiens, j'ai même bu un demi quand je suis redescendu chercher des cigarettes. Je suis bourré, là. Ça se voit pas mais je suis bourré. Je suis pas bourré-bourré, mais je sens bien qu'il faut que j'arrête.

– Allez, merde, c'est Noël ! Un petit coup, bordel !

– Hé, moins fort, Roger, les voisins...

– Dis donc, c'est Noël. En plus, il est même pas dix heures. On peut parler un peu, y me semble...

– C'est pas ça, c'est ce que tu dis. Les mots.

– Oh, j'ai dit bordel, tu parles d'un coup. Ils en entendent d'autres, les voisins. T'as vu les films à la télé ? « Con », « Salope ». Même pire. L'autre jour, le film avec Depardieu, quand il traite l'autre d'enculé. Deux fois, il l'a dit. Au film du soir. À neuf heures. T'as qu'à voir...

– Tu l'aimes bien, toi, Depardieu ?

– Ah oui, plutôt, il est nature. Moi, c'est ce que j'aime. Comme Gabin.

– Bon, là, pour être nature d'accord, mais je trouve qu'il joue pas dans des bons films. Ça fait deux fois qu'on va en voir avec Denise, hein, Denise ? Les films avec Depardieu, tu t'endormais, toi. Des films où ça discute tout le temps. Au début, je croyais qu'il allait faire une carrière comme Belmondo, avec sa gueule de boxeur. J'attendais des bagarres. Que dalle ! D'ailleurs, y a un coup d'accident de bagnole, je ne sais plus dans lequel, paraît même que c'est pas lui. Qu'il est doublé. J'appelle pas ça des acteurs. Pourtant, qu'est-ce qu'il doit palper ! C'est que c'est un des plus cotés, maintenant. Je parle question pognon.

– Oh, pas tant que Belmondo.

– Alors, là, Roger, je voudrais pas me gourer, faudrait que je retrouve le journal, mais je crois bien que c'est plus, maintenant. Y avait une liste. Je crois que Belmondo est troisième, ou quelque chose comme ça.

– Ouais, bah, de toute façon, moi j'y vais plus, au cinéma. Faire la queue, tout ça, ça me fait chier. Tiens, la dernière fois qu'on y a été, je me suis engueulé avec un chevelu. Ah, oui, je t'ai pas raconté le coup. Hé, tu te souviens, Jeanine, la dernière fois qu'on a été au ciné, le mec ?

– Mais, Denise, c'est parce que vous mettez la crème fraîche trop tôt. Ça ne doit pas cuire. C'est même très mauvais pour la santé. Ah, oui, au cinéma. Mais là, t'as exagéré.

– Tiens, demande-lui, Raymond, le coup du chevelu. Tu vas te fendre la gueule.

– Oui, vous savez les jeunes qui font la quête avec une guitare ? Il a fallu qu'il en engueule un, c'est plus fort que lui.

– Non, bon, attends, tu racontes mal.

– T'étais pas obligé de l'engueuler. Tu donnes rien et c'est tout.

– Écoute, laisse-moi raconter. Tu vois les jeunes cons qui grattent la guitare ? Y en avait un qui faisait la queue avec son..., c'était pas une guitare, plus rond, tu vois, un peu comme une poêle à frire ?

– Un banjo.

– Bon, mettons un banjo. Il avait sa gonzesse, tu vois, le genre habillée à la gitane un peu crado, moi je te jure, faudrait me payer cher, pourtant elle devait avoir dans les vingt berges. Mais crade ! Sûrement que ça veut se donner un genre, en attendant, tiens, je serais curieux de lui faire passer la visite. Si elle a pas la chtouille, tiens, je veux bien être impuissant. Et les morbaques, ça doit grouiller, là-dedans...

– Roger !!!

– Hi hi hi ! N'empêche que tu ferais une sacrée gueule si j'étais impuissant, Jeanine, hein ! De ce côté-là, t'as pas à te plaindre, hi hi hi ! Plaf ! *(Sur la table.)*

– Oh, ne tape pas si fort ! Regarde-moi ça, tu as renversé le verre sur ma nappe.

– Hé, une nappe, ça se lave.

– En attendant, c'est pas toi qui la laveras.

– Et moi, qu'est-ce que je fais au boulot ? Je roupille, peut-être ? Tu veux pas que je fasse ton boulot, quand même ! C'est comme si le comptable de l'usine me demandait de faire ses comptes. Je fais ma part, merde ! Le pavillon, c'est moi qui me le suis mis sur les reins. C'est pas avec ta lessive qu'on va le payer, le pavillon. Je croyais qu'on était bien d'accord là-dessus. T'as vu, le voisin mitoyen ? Au chômedu depuis six mois. Il est obligé de refourguer.

– Bon, allez, Roger, t'énerve pas !

– Ah, non, ce qu'elle dit là, ça m'énerve !

– Bon, ton histoire de guitare, là, de poêle à frire ? T'y as foutu sur la gueule, sa poêle à frire ?

– Non, alors attends que je finisse. Y avait donc sa gonzesse, à l'autre, qui faisait la manche avec un bonnet, pour ramasser des ronds pour son maquereau qui chantait des conneries en américain. D'ailleurs, sur le coup, moi, je croyais que c'était un Français qui parlait américain, comme y en a. Mais c'était un vrai Ricain, je l'ai su qu'après... Alors je dis à sa gonzesse : « Je ne donne rien aux fainéants. Il a qu'à bosser ! Moi, je bosse pas pour engraisser les feignasses. » Surtout, comme je lui ai dit : « Et toi, ma grande, tu vas partager le pognon, tu joues même pas de musique, tu te fais sauter et il te nourrit avec l'argent des autres. Ah, ça fait un beau couple ! Vous pouvez vous brosser pour que j'allonge la monnaie ! Je suis bon, mais pas con. C'est que je pourrais appeler le flic du coin ! Vous avez une carte, pour faire ça ? » Elle me sort une carte, dis donc ! On leur donne des cartes, maintenant. Tu le savais, ça ? Elle me l'a montrée. Parole. Signée et tout. Alors, bientôt, on va nous faire payer des impôts pour qu'ils puissent acheter du haschisch et on les laissera baiser sur le trottoir et foutre la vérole à tout le pays. Non mais, où on va aller ?... Faudrait peut-être être un peu raisonnable. On ne vote pas pour qu'on nous entube. Moi, si ça continue, le prochain coup, y me verront pas. Parce que si je vote pas pour eux, je vote pas pour les autres non plus. Parce que les autres, alors, là, avec eux, ça serait pire. On peut être sûrs qu'on serait envahis par une armée de fainéants crados. Ils les encourageraient. Attends, là, tu dis que les flics sont pas assez sévères. Les autres, c'est tout juste si y disent pas qu'il faut supprimer les flics.

– Alors, ton histoire ?

– Oui, alors, attends que je te finisse. Je lui dis, au mec, entre deux chansons : « Va chanter tes conneries plus loin, tu vois bien que tu fais chier les gens. » Tu sais ce qu'elle me dit, sa gonzesse ? « Il ne vous comprend pas, il n'est pas Français, il est Américain. » Je lui ai dit : « Pourquoi il va pas faire ça dans son pays, y a plus de fric qu'ici ? Est-ce que je vais faire la manche chez les bougnoules, moi ? Je bosse. Voilà la différence. » Ah, t'aurais vu comment elle la ramenait, la grognasse ! Elle le défendait. « Occupe-toi de ton cul », que je lui ai dit. J'ai bien failli y mettre ma main dans la gueule. C'était moins une. Et alors, tu vas voir comme quoi des cons, y en a partout. Y a un mec, la quarantaine, en imperméable, qui parlait haut dans la queue. Moi, je croyais que ça l'énervait aussi, les pouilleux ; je commence à empoigner l'autre avec sa poêle à frire. Par l'épaule, je le prends, « Allez tire-toi », que j'y dis. « Tu vois bien que tu fais chier le monde, *go home* ! Ouste ! Calte ! » Je sens qu'on m'attrape, qu'on me retient, c'était l'imperméable. Il était de son côté, dis donc ! La meilleure ! « Vous n'avez pas à porter la main sur lui », qu'y me dit. « Hé, je l'ai pas frappé, je le pousse, simplement. Je veux aller au cinéma tranquille ! » J'ai bien failli lui claquer la gueule aussi, à celui-là.

– N'empêche qu'il n'avait quand même pas l'air commode, celui qui t'a attrapé. T'as pas trop insisté.

– Qu'est-ce que tu racontes, Jeanine ? T'étais même pas là, t'étais à la caisse pour les billets.

– J'étais à la caisse, mais je regardais, j'étais inquiète. Tout le monde t'écoutait. Et tout le monde n'appréciait pas.

– Ah, oui, les petits cons qui criaient « fasciste », mais ils ont que ce mot-là à la bouche. Tu verrais comment je te les ferais bosser sur les routes entre les heures de cours, si je commandais ! Tout le monde au boulot, pas d'histoire. Le premier qui tire au cul, une ration de coups de ceinture pour lui faire comprendre. Après, on verra s'il viendra crier « fasciste ». Y gueulera pour quelque chose.

– Reprenez du fromage, Denise ; après, je vais amener la bûche. Vous aussi, Raymond. Allez, il faut manger.

– Ah, c'est vrai, il y a de la bûche ! Franchement, Jeanine, je ne sais pas si je vais en manger : regardez mon ventre !

– Oh, avec le café, ça fera descendre.

– Non mais, Raymond, tu vois où ça nous mène, si on laisse les jeunes cons faire la loi... N'empêche que s'il y avait pas les « fachos », comme y disent, en ce moment, on serait peut-être commandés par les ratons. T'as vu au Sahara ? Des Français, qu'ils ont fait prisonniers ! Merde, on s'est tirés de là-bas et ils continuent à nous faire chier ! Mais qu'est-ce qu'on attend pour envoyer les paras, pour qu'y nettoient tout ça ! Mais Giscard, c'est le genre à se faire entuber. Ça donne des cartes aux traîne-patins mais, en attendant, tu peux te faire trucider par les bicots, là-bas dans le désert, y laisse faire. Ici aussi, d'ailleurs. Y a qu'à lire les journaux.

– Bah, oui, qu'est-ce que tu veux...

– Allez ! Un coup de cognac.

– Non, non, holà ! D'ailleurs, on va y aller, hein, Denise ? Il est plus de minuit. Moi, je suis crevé. J'ai trop bouffé.

– Ça ne passe pas, Raymond ? Vous voulez que je vous donne de la poudre ?

– Non, non, Jeanine, laissez, ça va, mais j'ai le coup de pompe. C'est que je me suis quand même levé à six heures ce matin. On va rentrer. Je sais plus où j'ai mis mon manteau, moi.

– Bougez pas, je vais vous le chercher. J'ai tout mis dans la chambre.

– Vous prendrez mon sac, Jeanine, s'il vous plaît.

– Oui, oui, vous aviez des paquets aussi.

– Les cadeaux ! On allait oublier les cadeaux pour Denis !

– Ah oui, alors ! Donnez, Jeanine. Voilà, Denis, ça, c'est moi, et ça, c'est ton oncle. Tu peux les ouvrir.

– Ben, mon cochon, t'as de la veine, on fait comme si tu croyais au père Noël. Tu peux remercier ton oncle et ta tante ! Allez, la bise.

– Oh, les beaux livres ! Tu peux dire qu'on se moque pas de toi...

– Oui, c'est toute une collection sur les sports. T'as tous les sports. Là, j'ai pris le foot et la bagnole, mais y en a au moins dix volumes. Après, il peut acheter les autres et se faire une bibliothèque.

– Vous êtes fou, Raymond, ça doit coûter cher !

– Oui, bah, c'est un cadeau. Et regarde, Denise, ce qu'elle lui a acheté.

– Des boutons de manchettes. Mais c'est de l'or !

– Vous savez, Jeanine, je me suis dit il est plus souvent en blue-jean, mais c'est au cas où il devrait s'habiller pour aller quelque part.

– Eh ben, mon cochon ! Tu peux leur dire merci.

– Merci, merci ma tante. Merci, m'n'oncle.

– Bon, allez, au revoir, Jeanine. Au revoir, Roger. On repassera peut-être demain, mais dans l'après-midi, puisqu'on mange chez la grand-mère, le midi. Au revoir. Brrr, fait pas chaud ! Il va sortir par ce temps-là, Denis ?

– C'est vrai, Denis, à minuit passé, par ce temps-là ! Où tu vas, d'abord ?

– Je vais rejoindre des copains qui font le réveillon.

– Tâche de pas faire le con. C'est moi qui te le dis.

– Mais laisse-le, Roger !...

Denis rejoindra ses potes à une heure et plus. Deux d'entre eux auront eu le temps de dégueuler deux fois, et la nana à qui il pensait tout au long du repas est déjà dans les bras de son pote Nanard.

29

DIVERS

Il arrive pas à fermer son troquet, Dédé. C'est Mémère qui ne veut pas se tirer. Elle en a un coup dans le pif. Elle a ramené deux types qui ne sont pas du quartier, ils ont l'air de l'avoir à la bonne. C'est tournée sur tournée. Ils veulent pas qu'elle raque. Le plus grand des deux la fait guincher dès que son pote met une pièce. C'est bien beau, mais Dédé veut fermer. C'est l'heure.

– Tiens, remets-nous une petite tournée, Dédé.

– Non, Mémère, j'ai dit « on ferme ».

– Une petite, Dédé. Pour mes gamins. C'est mes gamins. Après, on va se coucher.

Il en reverse une. La dernière.

Elle était justement en train de sortir, Jeannette. Jeannette, cinquante balais. Un peu pochtronne. Mémère, soixante-quatorze, même régime. Du coup, elle revient, Jeannette, puisque c'est ouvert.

– Tiens, tu me remets une petite Côte.

– Ah, non, Jeannette, c'est fini, je viens de le dire !

– Bah, tu la sers bien, l'autre !

Elle bigle Mémère méchamment pour son privilège.

– L'autre, elle a pas été garder les cochons avec toi !

– Oh... Encore ! Bon...

– J'ai pas gardé les cochons avec une putain, moi. Jeannette s'approche de Mémère, menaçante.

– Tu me fais pas peur, vieille vache !

– Tiens, approche encore un peu, je te mets une tarte dans ta gueule.

– Toi, tu vas me taper ? Mais tu devrais être à l'hospice !

Les deux types les séparent. Le patron en profite pour réannoncer la fermeture. Ils payent et partent. Sur le trottoir, les deux types veulent réconcilier les dames.

– Allez, vous vous engueulez pour rien. Serrez-vous la main. On va aller dans un autre troquet.

La perspective des coups à boire est plus forte. Elles font une trêve. Ça a l'air d'être encore ouvert, « Aux amis ». Au « Bar des Amis », il y a cinq ou six clients. C'est l'heure où ça discute sans retenue. Ça discute deux par deux. En se rallumant des clopes. Quatre face à la longueur du bar et un au bout, dans le tournant, près des cacahuètes, devisant avec le taulier. L'arrivée de la bande coupe un peu les échanges, puis ceux de la face reprennent et le patron vient faire son travail. L'autre se met à observer le rapport. C'est l'heure où Mémère a oublié de s'inquiéter des dépenses des types. Elle dit plus : « Je veux pas vous mettre dans les frais. » Elle commande des vins cuits. Des choses chères. Mais les payeurs ont plutôt l'air content.

– Deux Cinzanos, une Suze cassis et un Martini.

Le patron interroge en montrant les personnes du doigt et répète la commande :

– Alors, deux Finvanos, une Fuve caffif et un Martini.

Il appuie bien sur « Martini ». Ça, il le dit sans problème.

Mémère répète après lui, et vous allez voir comme elle est déconneuse :

– Deux Finvanos, une Fuve caffif et un Martini. Et avec un fefte de fitron, le Martini.

Mémère se bidonne, le tôlier hausse les épaules. Vous pensez, depuis le temps qu'il se le traîne, son défaut... Déjà, à la communale, on l'appelait « grande faufife ». Il est grand, très grand et voûté. Vous ne le voyiez pas grand, vous, je parie. Vous ne lui aviez pas vu de taille. Il est grand. Il a les deux tares. Le défaut de prononfiafion et la taille. Il les trouve juste un peu bêtes, ceux qui lui font le coup. Pas de quoi sortir la queue de billard. Mais c'est que c'est au client des cacahuètes que ça ne plaît pas. Il menace. Avec sa maigreur, sa canadienne, ses charentaises et son pif imbibé, il ne fait peur que pour lui. Il fait vieux pour son âge. Il en fait bien soixante-dix, mais dit fièrement : « J'ai cinquante-quatre ans, moi, monsieur. » Il le dit à un des deux types qui accompagnent Mémère. Il a commencé par revendiquer le respect pour le patron, mais c'était un moyen de s'approprier l'affaire. Il se met en scène. « J'ai cinquante-quatre ans et j'ai fait une guerre, et mon père en a fait deux, et j'ai ma femme qu'est à l'hôpital, et j'ai mon gamin, le plus grand, parce que l'autre y fait son régiment, il est ingénieur pétrole machin, là... Comment tu dis, Fernand, le boulot du môme ? Enfin, du plus grand, puisque l'autre y gratte pas, il est à la grive. Y fait son régiment. C'est comment, le nom, là, pétri-machin, là ?...

– Pétrofimie.

Ça réveille Mémère.

– Ah, bah, moi aussi, j'ai un fils dans la pétrofimie. (Elle imite encore le défaut, mais sans le vouloir, cette fois.) C'est le gamin de ma sœur. C'est comme si c'était mon fils ; je l'ai élevé depuis l'âge de trois ans. D'ailleurs, vous pouvez y aller, à chaque Noël, c'est moi qu'y vient voir. Ah, il ira pas chez ma sœur ! Il sait bien qui c'est qui l'a élevé, t'en fais pas... Parce que ma sœur, elle a fait des choses... Enfin, des choses qui se racontent pas.

Les autres ne disent rien.

– Oh non, ça, ça ne se raconte pas. D'ailleurs c'est oublié. Rayé ! C'est le passé. Oubliée, ma sœur. De toute façon, c'est comme si c'était plus ma sœur.

– ...

– Je veux pas d'une sœur comme ça. Ahhh non ! Vaut mieux pas en parler.

– ...

– On ne va pas parler d'une putain.

– ...

– Oui, parce que ma sœur a fait la putain, si vous voulez savoir. Et j'ai pas peur de le dire. Elle s'est fait avoir par un salaud. Mais c'est de sa faute. C'est avec moi qu'il était, au début, Paul Belmont. D'ailleurs, le môme, celui qui est dans la pétro-chose, c'est un Belmont. C'est leur gosse. Ça faisait trois ans qu'on était ensemble ; moi, j'étais plus vieille qu'elle. Dès qu'elle a commencé à avoir du poil au cul, elle lui a tourné autour. Alors, lui, une jeune comme ça, il s'est laissé embobiner et les v'la barrés tous les deux. Seulement, c'était un gars du Midi, le mec. Un maquereau. C'est pas pareil, là. Il l'a emmenée dans son pays et il l'a foutue au tapin. Le gosse à garder à la frangine. Voilà, pour ma pomme. Seulement, s'il est ingénieur, c'est Mémère qui l'a élevé ! Et à Noël, qui c'est qu'il vient voir ? Mémère ! Et il envoie toujours une carte à Mémère quand il est en déplacement. D'ailleurs, j'en ai une dans mon sac. Tiens, lis !... Tu peux lire. Moi, j'ai pas mes lunettes. Je crois que ça vient de la Bretagne, par là. Lis.

– « Un bonjour d'Honfleur où le soleil est éclatant. Dominique. »

– Voilà ! Dominique... C'est mon grand. C'est comme si c'était mon fils. D'abord, c'est mon fils. Qu'est-ce qu'elle a fait, l'autre ? Elle l'a pondu. Et après, hop, débarrassez-moi du colis !

Elle parle dans ses trois chicots, maintenant. Sans regarder personne. Comme pour elle. Celui qui s'était fait couper le sifflet en vol, le pochard digne, quilles flanelle et charentaises par temps sec, revient à la charge. On l'avait presque oublié. Pourtant, pendant que Mémère racontait sa vie, il était resté l'index en l'air, paume vers lui, du style : « Je vous préviens... »

Il en est resté à moraliser sur l'attitude de Mémère vis-à-vis du taulier.

– Madame, je vous demanderai d'être correcte !

– Qu'est-ce qu'y raconte, l'autre !... J'ai toujours été correcte. Alors ma frangine fait un môme, elle le laisse quimper, moi j'élève le môme et c'est moi la salope ? Mais de quoi qu'y se mêle !...

Voilà Jeannette :

– De toute façon, lui, c'est un poivrot. Ça fait au moins vingt ans qu'y travaille pas. Y se fait engraisser par la Sécurité sociale. C'est les autres qui le nourrissent. Y bouffe pas lourd, mais en pinard, y coûte cher !

– Jeannette (toujours l'index en l'air), j'ai toujours été correcte...

– Oh, allez, ça va ! Tu nous fais chier !

Mémère revient.

– Toi, te mêle pas de mes histoires avec monsieur.

Et l'autre est déjà en train de vider son larfeuille sur le comptoir, il cherche le papier qui prouve qu'il est accidenté du travail.

Pendant qu'il cherche :

– Toi, tu te mêles de tes fesses ! Parce que ce que je dis pour ma sœur, je pourrais le dire pour d'autres ! Quand on fait la putain quand son mari est à l'hôpital, on a le droit que de se taire !

– Répète ça !

– Oh, t'as bien entendu, va...

– Et toi, ton fils, on sait bien ce qu'y fait. Y branle rien, oui. Quand y vient te voir, c'est pour te taper. Et son trafic, on le connaît. Les bagnoles piquées maquillées dans son garage. Tu parles d'un ingénieur !... En ce moment, y se planque, et moi je sais où il est ! Dans ta cave ! Il a fait un coup. Alors, je veux bien être une putain, mais j'en raconte aussi !

Les deux types raquent l'addition et décident de partir. Mémère veut les raccrocher.

– Encore une petite danse, mon poulet. Hé, moi, si vous partez, vous me ramenez. Je reste pas avec l'autre traînée, la donneuse. Non !

Ils sont pressés, d'un coup. Ils filent.

On frappe chez la bignole de l'immeuble où loge Mémère. Elle roupillait déjà...

– Qu'est-ce qui se passe ?

– Police.

Nos deux types.

– Le numéro de la cave de Mme Chopard ?

– Le 8. C'est pourquoi ?

Ils descendent avec précaution.

– Belmont !... On t'a trouvé, on vient te chercher. Fais pas le con, c'est dans ton intérêt !

Pas de réponse.

– Belmont ! On sait que t'es là. Nous oblige pas à démonter la porte. Si tu fais le con, ça va s'ajouter chez le juge !

Avec la clé de la concierge, ils ouvrent doucement. Puis d'un coup font irruption, le pétard à la main. Personne ! Ils remontent au moment où Dominique Belmont se pointe. La concierge commençait à lui dire que deux messieurs... Il a compris. Il sort un surin et se fait un paravent de la bignole, en menaçant d'y crever le bide. Mais voilà qu'elle a des vapeurs, qu'elle devient lourde et molle. Il est obligé de la maintenir pour la traîner. Il recule doucement avec la vieille.

– Allez, tirez-vous ou je la pique ! Ça sera de votre faute !

– Tu sais que t'es en train d'aggraver, là, Belmont. T'es en train de t'entasser bêtement. Avec tes vols et récidive, tu prends trois ans, pas plus.

– Trois ans, c'est trop. J'y retournerai pas. J'aime mieux crever. Qui c'est qui m'a donné ?

– Tu te poseras ces questions-là plus tard, Belmont. Pose la concierge.

– Non ! Cassez-vous, lardus pourris !

– Bon, on t'attend devant la porte.

– Non, rentrez dedans.

Il tire la vieille dehors et referme la porte, laissant les flics à l'intérieur.

– Dominique, qu'est-ce qui se passe ?

C'est la mère qui revient.

– Te v'là, toi !

Il lâche la concierge, qui va sur le carreau sans se réveiller, et chope Mémère qui la remplace, le surin près de la gorge. Les flics passent leur nez.

– Mais qu'est-ce que vous faites là ?

Elle en revient pas, Mémère : les deux types du troquet se trouvent face à elle, flingue en main, et son fils adoptif la maintient avec un couteau près du cou.

– C'est pas très beau ce que tu fais là, Belmont ; c'est quand même elle qui t'a élevé !

– J'en ai rien à foutre ! Elle m'a donné. C'est pas la première fois. Elle a déjà donné ma mère, pour me récupérer, parce qu'elle était stérile et jalmince.

– C'est pas elle qui t'a donné. On est témoins.

– Hé, donnez-moi votre parole, le temps que vous y êtes ! Je vais vous croire ! Vous me prenez pour un con ? Vous avez encore à gratter avant d'avoir de l'avancement ! C'est de la tactique de bleu, ça ! Du vieux style qui prend plus...

– N'empêche qu'on t'a retrouvé.

– Tu parles, en pintant une vieille ! Après, vous me trouvez moche...

– On te dit que c'est pas elle, c'est tout.

– Si c'est pas elle, elle a quand même bavé. Y a qu'elle qui le savait.

Voilà que Mémère lui mollit dans les bras, pareil. Le temps de faire l'effort pour la retenir, les flics sont sur lui. Il est fait ! Mais il arrive, d'un coup de grolle, à se dégager et à filer. Pan ! Carton. Le cœur de Mémère a lâché. Dominique a fini de respirer. On les planque sous les couvrantes que des voisins ont amenées. Circulez, c'est pas un spectacle !

30

LAISSEZ-MOI VIVRE !

Jeanine, tu commences à me faire chier ! Moi, je travaille demain matin.

– T'entends, Roger, y recommencent !

– Hum...

– Au-dessus, les jeunes. Y recommencent leur sérénade.

– Oui, bah, il est que dix heures et demie.

– Tu sais bien que c'est à dix heures, la limite.

– Oui, oh, dix heures, dix heures et demie... Si ça se trouve, ils vont s'arrêter dans cinq minutes.

– C'est ça, compte là-dessus ! On dirait que tu les connais pas.

– Allez, essaie de dormir.

– Dormir... Comment veux-tu que je dorme ? Déjà avec la lumière et le bruit de tes pages de journal !...

– Tu sais bien que c'est pas demain au boulot que je vais faire mes couplés.

– Tes couplés, tu ferais mieux de les laisser tomber, tu ne gagnes jamais.

– ...

– Tu sais, mis bout à bout, ça commence à faire une somme, si on compte bien.

– ...,

– Hein ! Je te parle Roger !

– Et le lave-vaisselle ?! Et ton manteau ?! Ils sont tombés du ciel, peut-être ?

– Enfin, Roger, ça fait quatre ans, maintenant ! Pour la machine, on a fait venir trois fois le réparateur, et en plus je te signale qu'elle est encore en panne, je lave à la main. Je ne te le dis même plus, maintenant, puisqu'il n'y a pas moyen que tu passes prévenir pour qu'ils envoient quelqu'un.

– Mais je te dis que ça fait un trop grand détour, alors que tu peux téléphoner aux heures de bureau, je ne vais pas aller m'emmerder dans les embouteillages de l'avenue Paul-Vaillant-Courtier alors que tu peux téléphoner.

– Tu n'as pas besoin de passer avenue Paul-Vaillant-Courtier pour aller là-bas, c'est juste à côté de chez Odette. Pour y aller, on prend toujours le boulevard Jean-Jaurès, à ce que je sache.

– On voit que tu ne sors pas beaucoup. Ça fait au moins six mois qu'ils l'ont mis en sens unique, le boulevard Jean-Jaurès.

– En sens unique... Alors, comment elle fait pour aller travailler, Odette ?

– Bah, pour elle, ça ne change rien puisque c'est dans son sens.

– Et pour revenir, c'est dans son sens ?

– Justement, elle passe par l'avenue Paul-Vaillant-Courtier.

– Alors elle met deux heures pour rentrer.

– Non, parce qu'elle a demandé à sortir à cinq heures tous les soirs.

– Elle fait moins d'heures ?

– Non. Elle rattrape le samedi.

– Tu parles d'un avantage !

– Bah, oui, du coup, elle est obligée de mettre le môme en garderie.

– Mais comment tu sais tout ça, toi ? T'as vu Odette ?

– Je l'ai vue... Je l'ai vue une fois, quoi...

– Je croyais que tu ne lui parlais plus.

– Je ne lui parle plus... Mais je suis passé un soir pour demander si c'était pas elle qui avait la tente canadienne. Je te l'ai dit, ça.

– Non, tu me l'as pas dit !

– Mais si, je te l'ai dit. Tu ne devais pas écouter.

– Écoute, Roger, il faut qu'on se mette bien d'accord. On avait dit qu'on ne remettrait plus les pieds chez Odette. On l'a décidé ensemble. Si tu fais comme ça, à ce moment-là, moi, je vais reprendre Philippe le dimanche.

– Je te dis, j'y suis allé une fois pour la tente.

– La tente, tu l'as prêtée à Antoine et Geneviève, et tu le sais très bien puisque c'est le jour de l'accident de Robert. Et qu'on a été obligés d'attendre qu'ils soient arrivés au camp pour leur annoncer.

– Mais c'était la quatre places que je leur avais prêtée. D'ailleurs, je ne l'avais même pas puisque c'est Robert qui l'avait gardée depuis Pâques. Tu sais bien, puisqu'il avait prêté les fiches du double toit à un copain de boulot et qu'après, quand j'ai voulu les récupérer, c'est toi-même qui m'as dit de ne pas ennuyer Raymonde avec ça pendant qu'elle s'occupait des histoires d'enterrement.

– Enfin, tu peux dire ce que tu veux, je sais très bien que ce n'est pas Odette qui a la tente canadienne, et tu le sais aussi.

– Bon, écoute, laisse-moi faire mes couplés.

– Ah non, mon vieux, ce serait trop facile ! Je vais aller la voir, moi, Odette. Je vais lui demander si c'est bien pour ça que tu y as été. Tu sais, je la connais, je verrai bien si elle me raconte des histoires.

– Oh, écoute, Jeanine, tu ne vas pas aller embêter Odette pour une histoire pareille !...

– Je vais me gêner, tiens ! Si elle n'a rien à se reprocher, elle ne doit pas tiquer pour me répondre.

– Non mais, tu te vois arriver chez Odette et demander : « Est-ce que Roger est bien venu te demander la tente canadienne ? »

– Oui, je me vois très bien. Et je le ferai pas plus tard que demain !

– Alors, et si elle te dit oui et que tu vois que c'est vrai ? Tu vas avoir l'air malin ! Elle va te dire : « Pourquoi tu me demande ça ? »

– Je lui dirai : « Ça ne te regarde pas. »

– Elle va te prendre pour une dingue.

– Qu'elle essaie, tiens ! J'en ai à lui dire, moi aussi. T'en fais pas.

– Je ne vois pas ce que t'as à lui dire.

– J'ai à lui dire qu'elle ferait mieux de s'occuper de son gosse plutôt que de faire la causette avec les maris des autres.

– Elle s'en occupe, de son gosse.

– Je ne parle pas d'Emmanuel, je te parle du grand. Pas plus tard que jeudi, madame Marchand l'a encore vu du côté du square Dolet.

– Et alors ?... Je vois pas le mal.

– Tu sais très bien que le square a une drôle de réputation. Avec toutes les tapettes et les Arabes... Tu m'en as assez parlé quand tu faisais le taxi.

– Mais ça, c'est la nuit, Jeanine !... Qu'est-ce que tu me chantes là !

– La nuit... Demande à madame Marchand, si c'est la nuit ! Elle y passe tous les après-midi à quatre heures pour aller à sa piqûre. Il paraît qu'elle en voit de belles. Ils ne se cachent même plus, maintenant.

– Oui, enfin, ça n'a rien à voir avec Antoine. D'ailleurs, je crois qu'il est plus ou moins avec la fille Sargueton.

– La fille Sargueton ? Ça m'étonnerait fort puisqu'elle est toujours avec sa mère qui a du mal à marcher.

– Elle n'est pas avec sa mère heure par heure. Il y a encore Julien qui habite avec eux, n'oublie pas.

– Julien, il travaille.

– Il ne travaille pas toujours pareil. Il fait équipé, alors quand il est de repos l'après-midi, il s'en occupe.

– En attendant, le jour où le gosse sera dans le journal, on verra qui c'est qui avait raison.

Prrrrrr !...

– Oh, Roger, t'es dégoûtant !

– Ah ah ah !

– Oh, arrête de rire ! Tu devrais être honteux, plutôt, et... Ah, non, ne secoue pas le drap, c'est une infection ! Moi, je vais aller dormir sur le canapé, je te préviens !

– Eh ben, vas-y !

– ...

– Vas-y, tu dormiras mieux, t'entendras pas ceux du dessus.

– Oh, évidemment, ça ne te dérange pas, toi. Tu crées le problème et c'est moi qui dois me déplacer ! Vas-y, toi, dans le canapé. Il faut le déplier, en plus. D'ailleurs, je crois qu'il n'y a pas de draps. Il faut en mettre. Tu crois que je vais me taper tout ça alors que j'ai envie de dormir depuis plus de deux heures et que je dois me lever pour la petite ?

– Tu dois te lever pour la petite ? C'est mercredi, demain.

– Oui, c'est mercredi, mais elle va à la danse.

– C'est nouveau, ça. À la danse ! Et à huit heures du matin ! C'est encore toi qui lui as trouvé ça !

– Non, c'est à neuf heures et c'est à l'école qu'on leur a demandé parce que c'est bon pour leur colonne vertébrale.

– Et c'est quoi, ce truc ? C'est rien que des filles ou c'est mixse ?

– C'est pas mixse.

– Ah, bon !

– C'est mixte.

– Faudrait savoir ! Tu dis que c'est pas mixse et après tu dis que c'est mixse.

– Je ne te dis pas que c'est « mixse », je dis que c'est « mixte ». Il y a un « t ».

– Enfin, il y a les garçons et les filles. C'est bien ça ?... Eh bah, ça va être du propre, dans les vestiaires !

– Quoi, « ça va être du propre ? »

– Mais t'es vraiment innocente, ma pauvre Jeanine ! Tu vois rien, toi !

– Ils ont des vestiaires différents.

– Et comment elle va là-bas ?

– En car, il y a le car de ramassage.

– Oh, ça doit être beau, dans le car !

– Mais t'es obsédé, ma parole ! T'es obsédé par les autres. Par contre, nous, ceinture. Ça fait un moment, je te ferais remarquer, qu'il ne se passe plus rien.

– J'ai encore mes boutons. C'est pas conseillé. C'est Delcourt lui-même qui me l'a dit. Pas avant encore un mois.

– T'as été passer une visite chez le docteur Delcourt ?

– Mais non ! Je lui ai demandé quand il est venu pour ton zona.

– Oui, enfin, il y a toujours une escuse.

– Une « ex-cuse ». Un point partout.

– Tu permets, j'ai dit une « excuse ».

– Non, t'as dit une « escuse ». Tiens, j'aurais voulu avoir un magnétophone pour t'enregistrer. T'es têtue quand tu t'y mets.

– Pas plus têtue que toi.

– Ah, si, là, pardon ! Tu dois être à égalité avec ta mère. Si c'est pas pire, même.

– Roger, tu sais que je ne veux plus que tu me parles de ma mère, tu m'entends !

– T'énerve pas. C'est pas de ma faute si t'es fâchée avec ta mère. J'ai rien contre elle, moi, je ne vais pas me mettre à raconter des vacheries sur elle pour te faire plaisir.

– Je ne te demande pas de dire des vacheries, je te demande de ne plus m'en parler. C'est tout.

– De toute façon, les histoires avec ta mère, c'est vraiment des conneries. C'est toujours des histoires à dormir debout. À la fin, tu ne sais même plus pourquoi tu lui fais la gueule.

– Comment ça ? Mais t'oublies qu'elle m'a traitée de voleuse, Roger ! Tu crois que je vais me laisser me traiter de voleuse comme ça ? T'en fais pas, maintenant, elle peut courir pour que je lui garde ses chats quand elle va à Saint-Brévin !

– Écoute, son porte-monnaie a disparu le jour où t'as été la voir. Personne d'autre n'est venu. Je ne dis pas que c'est toi. Mais comprends qu'elle puisse te dire ça.

– Mais je te dis que son porte-monnaie, elle l'aura perdu ! Comme sa tête. T'oublies qu'elle commence à être dérangée. Quand le docteur Delcourt lui a prescrit ses médicaments pour ses ganglions, elle allait à la pharmacie sans ses feuilles de maladie. Le pharmacien la renvoyait les chercher et elle venait me voir pour me demander d'y aller à sa place sous prétexte qu'il ne voulait pas la servir. Elle n'arrivait pas à comprendre qu'il fallait les feuilles de maladie. Alors, tu ne vas pas me dire qu'elle ne déraille pas et qu'elle n'a pas pu perdre ou cacher son porte-monnaie et m'accuser.

– Mouais... Oh, là là ! Ce coup-ci, c'est toi qui t'es laissé aller !

– Ça m'étonnerait, je me retiens toujours.

– À force de te retenir, tu fais sans t'en rendre compte.

– Ne me confonds pas avec ma mère, Roger, s'il te plaît !

– Pourquoi, ta mère ne contrôle plus ça non plus ?...

– Ah, c'est fin ! J'ai un mari qui fait de l'humour ! Moi, ça ne me fait pas rire, figure-toi. Ça fait peut-être rire la femme de Garnove, mais moi, il m'en faut plus.

– Qu'est-ce qu'elle vient faire là-dedans, celle-là ?

– Elle vient faire que : « Il est marrant votre mari, vous ne devez pas vous ennuyer, et gnin gnin », et avec toutes ses manières...

– Elle t'a dit ça quand ?

– Il y a pas longtemps, à la poissonnerie.

– Je vois vraiment pas ce que je lui aurais dit...

– Ah, t'as perdu la mémoire ! C'est pratique, hein ?

– Mais puisque je te dis que j'ai rien fait pour qu'elle puisse dire ça ! T'es sûr qu'elle a compris que c'était moi ton mari ?

– Non, elle croit que c'est monsieur Maillard !

– Et ça, tu crois que c'est fin ?

– En attendant, tu changes de conversation.

– Mais puisque... Bon... Je vais tout t'avouer : chaque fois que j'ai une heure de libre, je téléphone à la femme de Garnove. Je vais la rejoindre, je grimpe sur la table et je fais des grands pets. Et je secoue mes deux jambes de pantalon pour que ça s'évacue. Alors, elle, elle est morte de rire, tu comprends. Et elle me dit : « Oh, monsieur Ferrandas, qu'est-ce que vous êtes marrant ! Votre femme ne doit pas s'ennuyer. » Voilà la vérité. Mais qu'est-ce que t'as, tu pleures ?

– Sniff.

– Mais qu'est-ce que j'ai fait, encore ?

– Tu peux essayer de tourner ça comme tu veux, moi, je sens bien qu'il y a des choses que tu ne me dit pas !

– Mais t'es vraiment malade, Jeanine ! Faut te calmer, quand même.

– Ne me touche pas ! Ne me caresse pas !

– Bon, oh, hé, moi, c'est pour toi, hein ?

– T'as encore des boutons, tu le dis toi-même.

– Mes boutons, ça ne m'empêche pas de te caresser.

– Eh bien, je te dis que j'ai pas envie !

– Bon, je vais me tourner de mon côté et regarder mon journal.

– Oui, ben, moi, je voudrais bien que tu éteignes la lumière.

– Mais j'ai pas fini mes courses, tu me parles tout le temps.

– Si tu veux les faire, va les faire dans la cuisine.

– Jeanine, tu commences à me faire chier ! Moi, je travaille demain matin, je ne vais pas choisir mes chevaux à plus de minuit !

– « Te faire chier » ! Si tu crois que c'est bien de parler comme ça à sa femme ! Tu m'écœures, tiens ! Quand je pense à madame Benoît... Son mari, c'est autre chose !

– Quoi ? Un militaire de carrière qui pue le parfum !

– N'empêche que lui, il est correct. Un peu plus fin que toi.

– Jeanine, tu ne réussiras pas à me faire démarrer avec ça. Je vais aller dans la cuisine comme tu me le demandes, comme ça tu ne pourras plus la ramener. Mais ne compte pas aller chez André et Nicole avant deux heures dimanche, la voiture ne sera pas prête le matin.

– Je m'en fous, laisse-moi dormir. Va avec ton journal par là, j'ai sommeil.

– J'y vais, j'y vais !

Prrrr !...

– T'aurais pu attendre d'être dans la cuisine, salaud !

– Ah ah ah ! T'as qu'à ouvrir la fenêtre.

– Ferme la porte, laisse-moi tranquille ! Et tâche de ne pas réveiller la petite.

Prrrr !

31

LONGTEMPS APRÈS

C'est pas marrant pour eux d'avoir la garde du grand-père. Mais c'est ça ou l'hospice. S'ils le mettent à l'hospice, il est bien capable de les déshériter. C'est qu'il a des biens intéressants. Une carrière, je ne sais trop dans quelle région. On extrait de la pierre très chère de là-dedans. Ils le savent, les deux, là, vous en faites pas. Il n'y a plus qu'eux. Les petits-enfants. Les parents sont morts. Un accident de la route.

Faut que je vous raconte l'accident. Paraît que c'était pas beau à voir. À un carrefour, en rase campagne, ils roulaient pépère, une Mercedes arrive. Des Allemands. À 160. Je vous demande un peu !... Leur petite auto a été projetée contre un poteau de la ligne à haute tension « avec une violence inouïe ». C'est ce qui était dit dans le journal. Le poteau s'est cassé, les fils sont tombés sur la bagnole. La mère est morte sur le coup, éjectée. Le père, lui, est resté coincé. Il était là, mourant. Très vite, sur place, il y a eu les flics, les pompiers. Pour le sortir de là, il aurait fallu découper la tôle au chalumeau, mais personne n'osait toucher la voiture à cause des fils. Vous parlez d'une histoire.

Ils ont fait venir un curé. Le curé était là avec son bouquin, à faire ce qu'il faut pour qu'il crève pas seul sans être recommandé de l'autre côté. Ça aurait dû le rassurer puisqu'il était catholique...

J't'en fous ! Il était là, sanguinolent, le volant dans la poitrine, à chialer qu'il voulait pas mourir. Il était conscient. Sûrement que c'est d'avoir vu le curé.

C'est curieux, d'ailleurs, cette façon d'appeler un curé auprès des mourants. Ça doit leur foutre les jetons. Sans le curé, on ne doit jamais y croire vraiment.

Enfin... Il n'y a plus qu'eux, les petits-enfants, pour garder le grand-père. Lui, Franck, et sa femme, et son frère à lui, Thierry. Ce qui est terrible, c'est le grand-père, c'est que, par intermittence, sa maladie le travaille. C'est une horreur, sa maladie. Son cerveau se met à déconner. Il commande plus rien. Mais alors plus rien ! Le vieux ne parle plus. Ne fait plus un geste. Et pleure souvent. Il n'y a que ça qui marche. C'est en pleurant qu'il attire l'attention. Il pleure parce qu'il souffre d'un manque. Mais lui-même ne sait pas duquel. C'est terrible. Par exemple, il a soif. Il ne sait pas qu'il a soif. « Mais qu'est-ce que j'ai, bordel ! », qu'il se dit. « Pourquoi ce manque ? » Et très vite, ça devient insoutenable. Alors il pleure. Les autres s'en rendent compte. Elle s'en rend compte. « Zut, au moment où j'allais partir faire mes courses ! »

– Qu'est-ce qu'il y a, Papi, vous avez soif ? Vous avez faim ? Froid ?

Elle lui parle, tout en sachant qu'il ne peut pas répondre. Elle tâte son froc pour voir s'il n'a pas pissé. Elle lui fait boire un peu d'eau, lui met un châle. En même temps, elle surveille ses yeux. Dès qu'il s'arrête de pleurer, c'est qu'elle a trouvé. Parfois, c'est dur. Elle met du temps avant de trouver. Son mari, Franck, en a marre. Il y a des moments, il voudrait le finir. C'est pourtant son grand-père. C'est elle qui le raisonne.

– Allons, tu te rends compte de ce que tu dis ?

– Écoute, moi, je n'en peux plus !

– T'en peux plus ! Qu'est-ce que je pourrais dire, moi, alors que je m'en occupe toute la journée ! Toi, tu ne le vois que le soir.

– Justement, après ma journée de travail ! À l'heure où je pourrais me détendre, faut que je surveille ses yeux. Maintenant, ça devient une obsession ; chaque fois que je me tourne vers lui, j'ai l'impression qu'il pleure.

– Tu parles comme s'il était toujours comme ça. Il a des moments plutôt calmes, quand même.

– C'est de plus en plus rare.

– Bon, écoute, moi, je m'en occupe ; toi, tu regardes la télé. Je préfère que tu ne t'en occupes pas du tout plutôt que de t'entendre râler en plus.

Il regarde la télé pendant qu'elle range des trucs dans la cuisine. Le grand-père est dans son fauteuil, face à la télé également. Elle revient.

– Ce que je ne comprends pas, c'est que tu nous imposes les tours de ton frère. Pourquoi il ne le prend plus, le grand-père ? C'est incroyable ! Il nous l'a refilé, et toi tu acceptes ! Vraiment, je ne te comprends pas !

Il ne réponds pas.

Il faut remonter loin en arrière. Il y a plus de trente ans. Un square, une mère sur un banc, des enfants qui jouent dans le sable.

– Démolis pas mon château ! Fais attention, tu me l'éboules avec ton genou !

– Non, je l'ai pas cassé ! Tiens, je t'en remets, du sable !

– Mais retire ton genou, tu le casses avec ton genou.

– Bon, je retire mon genou.

– Oh, arrête, tu mets l'autre !

– Hi hi !

– Tu le retires ?

– Vas-y, lance-le, ton sable ! Tu vas voir ta gueule !

– Oh, je vais dire à maman que t'as dit « ta gueule ». Maman ! Maman ! Maman, tu sais pas qu'est-ce qu'il a dit, Franck ?

– Qu'est-ce qui se passe encore ?

– Franck, il a dit un gros mot.

Alors, Franck, faut voir les yeux qu'il lui fait !

– Vas-y, dis-le ! C'est même pas vrai, d'abord !

– Qu'est-ce qu'il y a ? Qu'est-ce qu'il a dit ?

– Il a dit... Il a dit « crotte »...

– Bon, écoute, Franck, tu te tiens tranquille et tu ne dis pas de grossièretés, sinon on va rentrer à la maison. Allez jouer dans le sable et laissez-moi tricoter.

Ils courent jusqu'au tas de sable.

– Si tu m'éboules mon château, je le dis.

– Oh, hé, cafteur, tu dis tout, toi ! Prête-moi ta balle.

– Pourquoi ma balle ? T'en as une !

– Non, j'en ai plus. Elle est tombée dans le trou où il y a la grille.

– Tu peux pas la ravoir ?

– Non.

– On la voit pas ?

– Si, mais on peut pas l'attraper. Je peux pas passer ma main.

– C'est où qu'elle est la grille ?

– À côté des cabinets.

– Viens, on y va.

– Maman va nous voir.

– On dira qu'on va aux cabinets. Allez, viens !

– Thierry, Franck, où allez-vous ?

– On va aux cabinets.

– Alors dépêchez-vous, je veux vous voir devant moi.

– Allez, viens.

Ils vont à la grille. S'agenouillent.

– Tiens, regarde, elle est là. Essaye avec ta main.

– ...

– Vas-y.

– Y sont pas assez écartés, les barreaux.

– Faudrait une baguette, un bâton. On la coince et on la remonte.

– Y en a un là, de bâton.

– Ah... Donne voir. Pousse-toi.

Il essaie. Il n'y arrive pas.

– J'y arrive pas.

– Fais voir.

– Non !

– Faudrait peut-être demander à un petit.

– Va chercher les petits, là-bas.

Il va voir deux tout petits qui jouent dans le sable. Ils font un château, moins beau que celui de Thierry, mais ils s'engueulent aussi.

– Laisse mon sâteau !

– C'est pas à toi, ton château !

– Si c'est à moi !

– Toi, t'es un canard !

– Et toi, t'es un vélo qu'a même pas de roues !

– Et toi, t'es une cafetière avec des poils dedans !

– Et toi, t'es un nounours avec du caca sur la tête !

Il lui jette du sable et il se barre en criant : « Caca sur la tête ! Caca sur la tê-te ! »

Alors l'autre pleure. Forcément, il a du sable dans les yeux. Thierry rattrape l'agresseur. Deux claques dans la gueule. Mais la mère du petit intervient. Torgnole à Thierry.

– Dis donc, petit méchant ! Je vais te faire voir, moi ! Où elle est, ta mère, que j'aille lui dire ? Allez, conduis-moi à ta mère !

Il baisse la tête sous les baffes. La voilà, maman. L'autre voit tout de suite que c'est la mère.

– Il est pas gentil, vous savez. Il frappe les petits.

Il est là, le petit, accroché à la jupe de sa mère, reniflant. Il tire la langue à Thierry. Qui se protège à nouveau des bras contre les coups de sa mère. Elle tape fort, pour bien montrer qu'elle prend l'autre mère au sérieux.

– Mais qu'est-ce que t'as dans la peau ? Tu ne peux pas rester tranquille cinq minutes ? Allez, viens !

Elle le ramène dans son secteur, du côté de son banc.

– Et tâche de rester tranquille. Où est ton frère, d'abord ?

– Aux cabinets.

– Aux cabinets ? Qu'est-ce qu'il fait aux cabinets ? Ça fait assez longtemps ! Va me le chercher !

Il fonce là-bas. Franck est toujours agenouillé près du trou. Il y a un tout petit avec lui. Le petit pleure un peu. Il est à genoux aussi. Thierry arrive.

– Qu'est-ce qu'y a ?

– Il a sa main qu'est coincée dans la grille.

– Fais voir.

L'autre essaie de tirer sa main de là. Elle est bien coincée. Il a réussi à l'entrer. Mais ça ne marche plus dans l'autre sens. Il tire, mais il se fait mal. Il pleure de plus belle.

– Tais-toi. Tu veux un bonbon ?

Vous parlez s'il veut un bonbon ! Il pleure. C'est sa main qui le préoccupe.

– Quatre bonbons ?

Quatre, il se calme.

– Donne-lui, Thierry. T'as des bonbons.

– C'est des chewing-gums.

– Eh ben, donne-lui. Quatre.

– J'en ai que trois.

– Y t'en donne trois.

Il veut bien encore, l'autre. Thierry lui en sort un. On lui déballe. On lui fout dans la bouche. « Trois », qu'il dit en mâchouillant.

– Je t'en redonnerai un quand il ne sera plus sucré. On va t'aider, pour ta main.

L'autre rechiale.

– On va t'aider, qu'on te dit !

Mais l'autre chiale plus fort. Franck lui attrape la tête, lui met la main devant la bouche pour qu'il ne crie pas. L'autre grogne et se débat. Franck lui bouche le nez. Bon, allez, pas de faux suspense. Il l'étouffe. Le petit faiblit dans ses bras, se calme pour toujours.

Ils se regardent, les frangins. Avec les yeux de Franck qui disent déjà : « T'es dans le même bateau que moi. Déconne pas. » Ils s'éloignent, font le tour des chiottes. Personne ne les a vus.

– Je me suis fais attraper, je venais te chercher, faut qu'on joue dans le sable devant maman.

– Tu dis rien, hein !

Ils retournent au bac. La mère les gronde un peu. Pas trop.

Quelque temps après, il y a un attroupement près des cabinets. Des adultes et des gosses autour. On éloigne les gosses. C'est affreux, ce qui se passe : il y a un tout petit, le bras coincé dans la grille de l'ancien égout. On a bien peur qu'il soit mort. On demande à qui il est. C'est une adolescente qui fend la foule, qui se jette sur le petit. On lui avait donné à garder. C'est son petit frère. Elle était partie chercher des bonbons à la boulangerie. C'est terrible. Elle crie le nom du petit. Elle pleure.

On demande si quelqu'un est parti téléphoner. Il paraît que oui. On voit vite venir les pompiers, et puis la police. Ils viennent avec un brancard. Ils éloignent les gens. Ils demandent la famille. C'est la petite fille. On la fait monter dans le car en attendant.

Ils vont être obligés de recouvrir le corps d'une couverture. Et de tirer la grille par en dessous. Ils vont porter le corps avec la grille.

La mère emmène ses enfants, c'est pas un spectacle.

Il y aura une enquête. La mort n'est pas naturelle. On leur demandera, aux enfants, s'ils n'ont rien remarqué. Ils diront que non. Qu'est-ce qu'on peut y faire ? On cuisinera le gardien. Il n'était pas très loin. En train de discuter avec une concierge du quartier, dira-t-il. De toute façon, il n'avait aucune mobile. Il est plutôt net.

Plus tard, beaucoup plus tard, la femme de Franck dira : « Vraiment, je ne sais pas pourquoi tu as laissé ton frère nous refiler le grand-père. Vous deviez l'avoir à tour de rôle. Ça fait neuf mois qu'il ne veut plus le reprendre, et tu te laisses faire ! J'en ai marre, tu sais ! »

– Écoute, Catherine, il est très pris par son boulot.

– Alors, d'habitude, t'en a toujours contre lui, et maintenant tu lui trouves des excuses tout en sachant qu'elles sont mauvaises ! Et en plus, tu veux lui prêter de l'argent alors qu'on a du mal à y arriver !

– Oh, laisse tomber !

– Vraiment, je ne te comprends pas...

Nous, on le comprend, va. Ne vous en faites pas.

32

TU M'ENTENDS ?

Richard, touche pas à ma mob ou tu vas en prendre une dans la gueule !

– Oh, arrête, hé ! Je t'attends, moi. Je te prends.

– Allez, laisse ça, merde !

– Mais viens, je te dis, si t'es pas content...

– Allez, déconne pas ! Si c'est ça, être des potes...

– Tu t'écrases, hein, mon con ?

– Non, je m'écrase pas, mais je veux pas me battre pour des conneries.

– Ouais, c'est ça, t'es plus intelligent.

– J'ai pas dit ça.

– Rigolo, va ! J'ai même pas envie de te la claquer, la gueule. J'ai peur que si je lève la main, tu dégueules de trouille et que j'en prenne sur mon futal.

– ...

– Rigolo, va ! Pauvre mec !

– Oh, arrête, hein !

– Quoi, t'es pas content ? Tu la cherches, ta branlée ?

– Lâche-moi, merde ! Je t'ai rien fait !

– Quoi, t'as rien fait ? Tu ramènes ta grande gueule, et après t'as rien fait ! T'as jamais pris un coup de boule ?

– Bah, tu touches à ma mob. Qu'est-ce que tu dirais si je touchais à ta moto ?

– Ma moto ! Alors, là, ma moto, si tu la touches, je te fais bouffer ta mob.

– Ben, moi c'est pareil si tu touches à ma mob.

– Quoi, tu veux me faire bouffer ma moto, toi, petit rigolo ?

– Mais j'ai pas dit ça ! Je veux dire que ça me fait autant chier que toi si on touchait à ta moto quand on me touche à ma mob.

– Touche-la, tiens, ma moto ! Allez, touche-la ! Vas-y ! Touche-la ! Tu vas voir ta gueule !

– Mais je veux pas la toucher, merde !

– Touche pas à ça, je te dis !

– Mais c'est toi qui me force...

– Tiens, regarde ta mob ! Je vais lui donner une gâterie.

– Qu'est-ce que tu fais ? Attention, le bouchon du réservoir est pété.

– Je fais une petite farce à ta chiotte pourrie. Je vais lui mettre un peu de sucre dans le bide.

– Non, hé, déconne pas ! Tu sais combien ça coûte, un carbu ?

– Et alors ! T'en as rien à branler, toi, t'as du blé. Tu te feras payer ça par ton vieux, comme ça t'en auras un neuf.

– Oh, hé, j'ai pas tant de blé que ça !

– Et ben alors, ferme ta gueule.

– Quel rapport ?

– Ferme ta gueule, je te dis !

– Oh, merde ! Maintenant, tu me fais chier. Si tu veux qu'on se cogne, on va se cogner !

– Oh, mais c'est qu'il en veut, d'un coup...

– Allez, me fais pas chier, s'il te plaît. Si tu veux te cogner, on y va. Je vais pas me laisser faire chier pendant toute ma vie !

– Hé ben mon pote, tu me scies, là. Qu'est-ce que t'as bouffé ? Je te jure, t'as l'air sincère. Tu me fais plaisir. Là, tu vois, je crois qu'on va pouvoir rebosser ensemble.

– Oh, de toute façon, moi, j'ai décroché.

– Quoi, décroché ? T'as décroché parce que je t'ai mis à pied. Et que tu ne trouves personne à la hauteur. Allez, j'ai un coup, là, tu vas pâlir quand tu vas voir tout le blé qu'il y a à se prendre.

– Non. N'insiste pas, je te dis. Même qu'il y aurait vingt briques, tu vois...

– Oui, bah, tiens, t'es pas tombé loin. C'est trente, justement.

– Oh, arrête !

– Trente ! Un peu plus, même. C'est trente-trois ou trente-cinq, quelque chose comme ça.

– Dis donc, t'es renseigné précis ! T'es sûr que t'es pas en train de rêver ? Si tu veux, je te contrarie pas, je te laisse rêver...

– Écoute, je sais ce que je dis. Si je te dis que c'est un coup de trente bâtons, c'est que c'est ça. Tu me connais comme bluffeur, peut-être ?

– C'est un coup où, à la fin, faut qu'on lutte contre trois casernes de flics.

– Pas du tout. Y a du risque. Y a toujours du risque, mais c'est largement faisable.

– Je vois pas pourquoi tu veux le faire avec moi.

– Je te dis que tu me fais bonne impression.

– Dis plutôt que c'est toi qui ne trouves personne.

– Disons que quand il y a un bon coup, t'es toujours prioritaire. Mais faut que je sente que tu fais le poids.

– Ah, tu vois comme ça, toi.

– Ouais.

– Attention, il y a risque et risque. Moi, j'en prends le minimum.

– Dis donc, si c'est comme ça, fonce à l'usine, fais-toi embaucher et fais une croix sur la vraie vie !

– Je préfère limer la tôle que d'en prendre une dans le buffet, tu vois ?

– Mais il est pas question d'en prendre une dans le buffet ! Je suis pas dingue, quand même. Tu me prends pour un branque, ou quoi ?

– Je t'ai dis ma position.

– Bah, y en a pas, de risque, si tu veux savoir. Le seul risque, c'est d'avoir un pépin avec la bagnole en se tirant et qu'on rencontre les flics. Avoue que si on tient compte de ça pour renoncer, on ne fait plus jamais rien.

– Ouais...

– C'est comme ça, mon pote. Et tout est prévu.

– Je serais quand même curieux de savoir ce que tu as mijoté.

– Oui, mais, dis donc, tu crois que je vais m'allonger comme ça ? Juste pour que tu sois renseigné ? Si je t'explique, tu grimpes dans le train ! La force de mon truc, c'est que personne ne le sait.

– Que je le fasse ou non, tu sais bien ce que je vaux.

– Non, je ne sais rien, moi ! J'ai une règle et c'est tout. Pas un mot à celui qu'est pas de la fête. Et qui que ce soit !

– Tu parles...

– Quoi, « tu parles » ?

– Je t'ai vu souvent bavard.

– Quoi ?

– Allez, je sais ce que je dis.

– Dis donc, tu ne t'es jamais fait péter la gueule ? Qu'est-ce que tu racontes ? Où ça ? Et quand, tu m'as entendu jacter ?

– Tu veux que je te le dise ?

– Vas-y !

– Pour le coup de la gare. La paie des cheminots. Notre dernier grand bide. Puisqu'au début, je voulais pas. Tu cherchais du monde. Ça se savait dans tous les troquets. Ça discutait dur, j'aime autant te dire. C'est un pote que tu connais même pas qui m'en a parlé. Un jour, j'ai entendu ton nom dans une conversation. Comme le pote était de ceux qui discutaient, je lui ai demandé après. Il m'a dit : « C'est rien, ils discutaient sur Balbineau. Il veut faire un coup. Personne veut y aller. Tout le monde en parle, mais personne veut le faire avec lui. Paraît que c'est foireux. »

– Tu peux me l'amener, ton mec !

– Comment ça ?

– Tu peux me l'amener, que je lui fasse avaler ses insultes !

– Il ne t'a pas insulté. Il me rapportait ce qu'on disait sur toi. Tout le monde était au courant. Je ne sais pas comment tu t'y étais pris, mais tout le monde le savait. Les flics auraient pu savoir.

– C'est de ma faute, peut-être, s'ils ont tous des grandes gueules ? Pour partager le coup, pour recruter, fallait bien que j'en parle. C'est pas de ma faute s'ils ne savent pas tenir leur langue. S'ils parlent entre eux.

– En attendant, c'est un coup qui n'a pas marché.

– Mais je te dis, tout était prêt ! La porte, on avait la clé. Le coffre, on avait la combinaison. Les gardiens dans la poche. C'est quand même pas de ma faute si après avoir attendu six mois... Six mois, tu m'entends ? Six mois d'observation, dont quatre embauché comme porteur. À me faire chier à porter les valises de tous ces cons qui se baguenaudent pendant que tu te crèves... C'est quand même pas de ma faute si après avoir attendu six mois, ils ont décidé de commencer des travaux au moment où on allait opérer !

– C'est quand même bizarre que tu ne l'aies pas su avant.

– Écoute, on ne va pas revenir là-dessus. Je ne le savais pas, je ne le savais pas. Pas un porteur le savait.

– Bon, c'est entendu. Mais moi, je te dis, j'ai raccroché. Je n'ai plus la pêche pour. Déjà à l'époque de coup-là, je t'ai dit oui parce que ça paraissait vraiment du beurre, mais en général, je n'y tenais plus.

– Alors, là, il faut que je t'informe un peu. Mon coup, celui-ci, le nouveau, est on ne peut plus similaire. Je peux pas te le dire tant que tu ne t'engages pas, mais c'est pour ainsi dire pareil.

– Raconte.

– Non.

– Allez, merde !

– Non, faut que tu marches.

– T'es têtu !

– C'est avec toi que je veux le faire.

– T'as déjà essayé de recruter beaucoup de mecs ?

– Personne, je te dis. C'est ça, mon fort. Je ne veux justement pas que ça fasse comme l'autre fois, avec les grandes gueules.

– Tripote pas ma mob.

– Ta mob, ta mob pourrie, tu pourras t'en acheter une belle, crois-moi, si on fait le coup !

– Mais ne tire pas là-dessus, je te dis que c'est fragile ! Tu me fais chier, maintenant !

– Quoi ! Tu me parles autrement, oui ! Tu vas la prendre, ta tête !

– Allez, t'énerve pas.

– Dis donc, tu sais que tu vas te faire claquer la gueule un jour ? J'ai bien envie de le faire maintenant !

– Tu ne disais pas que tu devais rentrer de bonne heure ?

– Ne détourne pas la conversation.

– Je ne détourne rien.

– T'es vraiment un mauvais, toi, tu vas l'avoir ta branlée !

– Lâche-moi !

– Non, je te lâche pas !

Il le pousse sur sa mob. Les deux tombent.

– Tiens, vas la voir, ta mob !

L'autre se relève en furie.

– Casse-toi maintenant ! Casse-toi, je te démolis !

Il tient une clé à molette à la main. Il la lève.

– Oh, mais tu retrouves tes couilles, d'un coup ! Chapeau !

– Ferme ta gueule et casse-toi, maintenant, tu m'as trop fait chier !

– Bon, écoute, là, vraiment, je crois que t'es valable. Je te dis tout sur le coup. C'est le même que l'autre fois. La même gare. Il y a au moins trente briques à prendre. Et pas de risque de travaux.

L'autre baisse sa clé.

– Ah ah ah, t'es vraiment cinglé ! Le même coup ! Tu finis par me faire marrer. T'es vraiment le mec à chimères.

– À qui ?

– Oh, laisse tomber.

– Mais je te dis que c'est du beurre ! Pour un peu, je pourrais le faire tout seul, mais c'est comme si j'avais une dette envers toi... Ma parole.

– Et qu'est-ce que je devrais faire, dans ton coup ? D'abord, tu sais que j'ai pas le permis bagnole.

– La bagnole, on la chourre.

– Mais je ne sais pas conduire. Pas du tout.

–Justement, c'est moi qui conduirai. Tu entres avec une clé. Le gardien est acheté. Une brique. Il ira même regarder ailleurs pour voir si personne n'arrive. Tu as une clé, plus la combinaison du coffre. Il y a un seul sac. Rempli de biftons. Des petits et des gros. Il passe la nuit là. Une seule nuit. C'est la paie de tous les mecs de la gare. Ça en fait un paquet. Plus de trente briques. Tu ressors, moi je guette. Je te fais signe si c'est dégagé. On emmène ça pas loin, dans une piaule que j'ai louée au nom de ma nièce. T'en fais pas, tout est goupillé...

– ...

– Tu ne vas quand même pas retourner à l'usine, à survivre péniblement ! Il y a des choses à se payer, merde !

– Allez !

Il lui tape dans la main.

– Alors, là, tu me fais plaisir !

Accolade.

*

Ils font le coup. On les retrouve quelques jours plus tard à une terrasse, parlant :

– Alors, mon con ? Tu ne me croyais pas !

– Ah, dis donc, tu parles d'un coup !

– Tu vois, mon pote, on est aux as. Et grâce à qui ? Tu me croyais pas, hein ?

– Écoute, si je suis venu, c'est quand même que j'y croyais un peu.

– Ouais, bon. En tout cas, on ne touche à rien avant deux ans. Tu m'entends : deux ans. Le temps que tout ça soit classé. Et dès qu'on y touchera, doucement ! Super doucement ! Tu m'entends ! Tu comprends, si t'en claques trop d'un coup, y en aura toujours pour se demander d'où ça vient, ce blé. Hein, tu m'entends ?

– Oui, je t'entends. Tous le monde t'entend.

33

AVEC UN AMANT DANS LE PLACARD

(*La pièce du film*)

On voit Robert Levreau et sa femme Josette. Au lit. Avec la télé à son pied. Il lit le journal. Elle regarde la télé.

– Allez, pose ton journal et éteins. C'est la pièce.

– Ah, ça y est... Ils ont dû rapprocher l'heure parce que, à ma montre, il est...

– Mais non, c'est ta montre. Allez tais-toi. Ça commence.

La pièce commence.

Un living avec un homme et une femme. Il lit le journal dans un fauteuil. Elle vient d'entrer.

– Dis donc, Jean-Marie...

Dis donc, Jean-Marie, j'ai envie de faire la fête.

– Tu déconnes !

– Non, je te jure, vraiment, ça me prend...

– J'ai du mal à te croire, ça fait six mois que t'es triste comme un quotidien de province.

– Je te dis que j'ai envie de déconner. Pose ton journal et allons faire la fête.

– Et les gosses ?

– Les gosses, ils dorment. Suffira qu'on rentre avant l'heure du petit déjeuner.

– Ah parce que t'as l'intention de déconner toute la nuit ?

– Bien sûr. C'est une grosse envie.

– Comment ça se fait ?

– Écoute Jean-Marie. Ne me demande pas comment ça se fait. Je constate que c'est venu et c'est tout.

– Peut-être qu'en réfléchissant...

– En réfléchissant, il n'y a rien de favorable, on a de plus en plus de dettes et je viens d'apprendre que tu me trompais.

– Que je te « trompais ». Mais je ne te trompe plus.

– Elle t'a laissé tomber.

– Ne tourne pas le couteau dans la plaie.

– Ho, excuse-moi *(ironique)*.

– Quoi, j'ai mis des formes, moi, pour t'annoncer que je te trompais.

– Dis plutôt que t'as mis du temps.

– Regarde ça, un fait-divers, justement.

Un homme tue sa femme parce qu'il la trompait. « Je ne supportais pas de la voir souffrir », a-t-il déclaré.

– C'est pas toi qui ferais une chose pareille. T'aurais trop peur d'aller en prison.

– Évidemment, puisqu'en allant en prison, je ferais souffrir l'autre.

– En attendant, c'est elle qui te fais souffrir.

– Ho, tu parles si je m'en branle !

– Justement, j'en ai marre que tu te branles en pensant à elle et que tu me délaisses.

– Pas du tout, je me branle en pensant à toi mais tu t'endors toujours la première.

– Je m'endors parce que tu ne me fais jamais d'avances.

– Ça, tu me l'as déjà dit.

– Oui, je te l'ai déjà dit ! La semaine où j'ai essayé de tenir et il ne s'est rien passé de plus.

– J'arrivais pas à me concentrer. Je savais que tu attendais. Ça m'empêche d'agir, quand c'est programmé.

– Je me demande bien comment on pourrait retrouver de la spontanéité au train où ça va.

– On a peut-être usé notre potentiel.

– Tu sais bien qu'on ne peut pas divorcer à cause des enfants.

– Quoi, on ne serait pas les premiers.

– T'oublies qu'on les a adoptés.

– Oui, bah, on a fait une belle connerie.

– Ho, je t'en prie.

– Quoi, tu le disais bien toi-même, l'autre jour, plus con l'un, plus con l'autre.

– Oui mais enfin, ça n'enlève pas la responsabilité.

Et puis j'étais en colère. Ils ne sont pas si cons que ça. Et puis je te signale que c'est toi qui a poussé à la roue pour l'adoption. Moi, j'étais pas chaude. Il a fallu que tu te passionnes pour les problèmes de boat people. On les paye, tes journaux nationaux.

– Tu ne vas pas te mettre à me condamner. Pour une fois que j'ai eu un élan du cœur.

– Alors te plains pas.

– Papa, maman, je peux pas dormir.

– Tiens, tu vois, Jean. T'as gagné. À parler fort, tu réveilles les gosses. Pleure pas, ma petite Yen. Je vais te donner un somnifère.

– C'est à cause de Bao. Il m'empêche de dormir parce qu'il se branle.

– Tu vois que c'est pas de ma faute, Odette.

– C'est pas de ta faute ! Si tu trouvais un boulot, on pourrait leur payer des lits séparés au lieu d'un matelas par terre.

– Je vois pas l'intérêt puisqu'on peut avoir des somnifères par ta sœur qui travaille à la pharmacie.

– Ma sœur, elle sera pas toujours là.

– Oui, bah, tiens, en attendant qu'elle disparaisse, tu ferais bien de lui demander de la vaseline pour que je te prenne par derrière. On s'était mis d'accord pourtant. Je vais finir par croire que t'as pas envie.

– Je n'ai jamais dit que j'avais envie. J'ai dit que je voulais bien essayer pour te faire plaisir.

– En attendant, on a rien fait.

– Quand je lui ai demandé, la pharmacie était en rupture de stock.

– Si toutes les pharmacies sont comme elle, y'a des pines qui doivent en baver.

– Qu'est-ce que tu veux dire ?

– Tu crois que c'est marrant d'enfiler à sec ?

– Mais, mon garçon, il n'y a pas que les pines, dans la vie.

– Qu'est-ce que c'est que ce raisonnement machiste ? Quand c'est sec, c'est aussi dur pour l'anus.

– Qu'en sais-tu ? Puisque t'es vierge.

– C'est connu.

– Si tu te fies à la rumeur... Il n'y a que l'expérience personnelle.

– Et toi, tu l'as faite, l'expérience, peut-être ?

– Bien sûr.

– T'as été pédé ?

– Pas exactement, c'était avec une femme.

– Celle avec qui tu me trompais ?

– Oui.

– Tu racontes n'importe quoi. Comment ?

– Comment, comment, avec un godemichet qu'elle portait avec une ceinture, si tu veux savoir. On avait une sexualité autrement plus coloré que nous deux, crois-moi. Et même que des fois, je passais le godemichet et que je l'enfilais par les deux trous. Après ça, elle suçait les deux engins comme des glaces.

– Maman, je veux une glace.

– Non, il n'y a pas de glace, ma petite Yen. Je vais te donner un somnifère et tu vas aller dormir.

– J'ai entendu parler de glace ?

– Ah, tiens, voilà l'autre. Alors Bao, à quoi tu penses quand tu te branles près de ta sœur ?

– À un lapin.

– Eh ben voilà, tu vois Odette, en plus d'être con, il est zoophile.

– Et alors, il a de qui tenir. Ne me disais-tu pas toi-même t'être envoyé une chèvre quand t'avais fais ton retour à la terre en Lozère ?

– C'était une passade.

– Et qu'est-ce qui te prouve que chez lui c'est une constante ?

– Si c'était une passade, il y a longtemps qu'il se serait tapé sa sœur.

– Oh mais il y a longtemps que c'est fait. Le jour de ses douze ans. Je t'en ai parlé mais t'écoute jamais ce que je te dis.

– S'il fallait que j'écoute toutes les conneries que tu racontes. C'est vrai, Bao, que t'as fait des cochonneries avec ta sœur ?

– Oui.

– C'est vrai Yen ?

– Oui même qu'en le faisant, il me demandait de faire coin coin.

– Ah ! Ah ! Ah ! C'est pas une constante, à part ça. Il aime pas les femmes, je te dis. Il projette.

– Et toi, tu aimes les femmes, peut-être ?

– Pas toutes, tu peux t'en apercevoir.

– Et en plus, t'aime pas les enfants.

– C'est pas l'envie qui me manque, mais on peut avoir des ennuis avec la police.

– Je te parle pas de te les taper. Tu ramènes tout à ça.

– On n'a qu'une vie.

– Justement, ils ont la leur.

– Oui, bah, je les emmerde.

– Jean, je crois que tu es foncièrement mauvais.

– Je crois plutôt que je suis une poire. Si j'étais mauvais, j'en serais pas là.

– T'es un saint, alors, si je comprends bien.

– Non, c'est... En dent de scie.

– Vraiment, t'es pas gêné.

– Tiens, regarde. Un autre fait-divers. « Franck Wilson, milliardaire, il ne connaît pas ses parents. On l'a abandonné dès son plus jeune âge, à la porte d'une église. » Ce serait peut-être un service à leur rendre que de les abandonner. Parce qu'avec nous, ils sont plutôt mal barrés côté fric.

– Pour Wilson, c'était à l'époque où les gens allaient encore à l'église. Et puis, tu oublies qu'ils savent leur nom et leur adresse. On ne tarderait pas à nous les ramener.

– On nous les ramènerait. Mais nous on ne serait plus là. Envolés.

Moi, je t'emmène où tu veux. En Amérique. En Afrique. À deux, on se démerde toujours.

– Oui, on se démerde toujours. Je te vois venir. Pour me tromper avec des négresses et me mettre au tapin ! Merci bien !

– Écoute, sans jeu de mot, tu vois tout en noir. J'ai toujours été réglo malgré tout ce que je raconte.

– Oui ho... Non, de toute façon, je ne me vois pas vivre à l'étranger. Plus jeune, j'aurais pas dit, mais à mon âge...

– Quelle pantouflarde tu fais.

– Peut-être.

– ... Ah, tu me déçois.

– Regarde, les enfants se sont endormis. Vite, portons-les dans leur lit.

– T'as raison. Et après, on sort. Moi, j'ai envie d'aller boire un coup maintenant.

– Ah non, moi j'ai sommeil. Sors si tu veux.

– Mais je croyais que t'avais envie de déconner.

– J'avais, mais... Tu te rends pas compte, toi. Tu es un interlocuteur battant. Non vas-y, boire un coup. D'ailleurs, je préfère, parce que énervé comme tu es, tu vas encore gesticuler pendant une heure et m'empêcher de dormir.

– Bon, j'y vais. T'es sûr que tu veux pas venir ? Peut-être qu'on va se fendre la gueule.

– Non, non, vraiment. Allez, vas-y et à fond. Faut pas faire les choses à moitié.

– Bon, alors la bise et salut.

Il part, elle fonce au placard. Elle ouvre. Un type. Elle dit en se jetant dans ses bras :

– Chéri. J'ai eu si peur.

– Et moi, j'ai eu si chaud.

– Qu'est-ce que tu veux. Il m'a dit : «J'ai peut-être trouvé du travail dans un bar.» Il est parti et malheureusement il est revenu une heure après avec son journal.

– Bah oui. Je ne t'en veux pas, de toute façon. Mais j'ai entendu votre conversation. Il y va fort, tout de même. Un jour, ce qu'il va gagner, c'est qu'il va se faire buter.

– Jacques, c'est ton frère tout de même.

– Y a pas plus de frère que de beurre au cul, moi je le bute et pis c'est tout. D'ailleurs, je crois que je vais l'attendre et le rectifier ce soir.

– Oh, bah, je te souhaite du plaisir. Parce que comme il est parti là, il est pas rentré avant six heures du matin.

– Tant pis. Je l'attendrai, je dormirai sous une couverture.

Tu crois pas qu'on ferait mieux de se coucher tout de suite et d'en profiter.

La porte s'ouvre soudain :

– Vous ne profiterez de rien du tout, bande de nazes ! Parce que j'entre le revolver au poing.

– Ciel, Jean-Marie !

– Ah alors comme ça on me prend pour un lourd. On croit qu'on va se foutre de ma gueule sans rien ramasser. Vous rêvez, non ?

– Jette cette arme.

– Tu rigoles pas un peu, non ?

– Jette cette arme, je te dis ! Allez, donne.

Il la tend et s'effondre, et fond en pleurs.

– Je suis nul. Je ne suis rien. Même pas un con. Rien !

– Allons, Jean-Marie. C'est la vie qui nous porte au gré de ses flots. Nous sommes l'œuvre du seigneur...

– Ah non, je t'en prie, tu sais bien que je suis matérialiste.

– Oui, mais enfin tout de même, ne te mets pas dans de tels états.

– C'est vrai, t'as raison. Je ne sais pas ce que j'ai. Je suis con en ce moment...

– Mais non, tiens, Odette, sors des verres et sers-nous un coup.

– Ah, j'aime mieux vous voir comme ça.

– Mais bien sûr. Qu'est-ce que tu veux que je te dise, c'est Jean-Marie ça ! Faut que ça passe par ces choses. Bah tant pis, faut s'y soumettre. Hein, Jean-Marie ! On en parle plus hein ? Allez, on fait un bras de fer.

– Non.

– Je te laisse gagner.

Ils font un bras de fer. Jacques le laisse gagner. Jean-Marie dit :

– T'as essayé de résister un peu, quand même ?

– Ah non, alors là, pas du tout.

– Tiens mon con. Et celui-là *(il fait le truc « Mon œil »).*

– Je t'assure que je n'ai pas essayé.

– Bon, alors faisons-le pour de bon. On verra, là.

– Oh mais si tu veux.

Ils le font. Ça dure un petit moment. Jean-Marie perd. Il s'effondre à nouveau, et refond en pleurs.

– Ça me dégoûte. Tout me dégoûte.

– Allons... C'est toi qui a voulu le faire pour de bon. On dirait que tu cherches à te faire du mal.

– C'est vrai, t'as raison. Je me fais honte. Excusez-moi, hein. Je suis vraiment une larve.

– Mais non, t'en fais pas. On est tous un peu malades, tu sais.

– Ah toi, Jacques, on ne peut pas dire que tu es foncièrement mauvais. C'est vrai, tu donnes de grandes leçons. Tu sais ce qui me ferait plaisir ?

– Demande.

– Coucher avec toi ?

– Mais pas de problème le père. Allons-y dès maintenant.

– D'accord, et Odette dormira dans le fauteuil sous une couverture. Ils s'éloignent vers la chambre en riant. L'un d'eux lâche en lui lançant la couverture ;

– Tiens et ne te chatouille pas trop, t'as les ongles noirs.

On la voit qui s'emballe dans la couverture et s'installe dans le fauteuil. Avant d'éteindre la lumière, elle dit avec un petit rire.

– Qu'est-ce qu'ils peuvent être gamins !

On s'éloigne, la télé réapparaît. C'est fini. C'est le début des informations. Monsieur Levreau Robert s'agenouille sur le lit qu'il occupe avec sa femme pour baisser le son de la télé.

Elle :

– Ah, bah c'était marrant.

– Ouais, c'est le truc de théâtre, quoi... Avec des... Et j'aime bien l'acteur, moi. Celui qui fait le mari.

– Lequel, le frère ?

– Mais non, pas le frère, puisque je te dis le mari.

– Bah, le mari, c'est son frère à l'autre. Y a pas que l'autre qui est frère. Quand t'es frère, c'est que t'as forcément un frère, sinon tu serais fils unique.

– Pas du tout. Tu peux avoir une sœur.

– Oui, mais là, l'autre, ou le mari, ils sont frère et frère, personne n'a parlé de sœur, que je sache.

– Ils n'en ont peut-être pas parlé, mais ça ne veut pas dire qu'ils n'en ont pas. Les pièces, souvent, c'est fait d'après des livres. Quand ils les montent, tu parles qu'ils taillent dedans sinon ça durerait trois plombes.

– Bah là, remarque, c'est pas tellement que c'était long, mais je trouve qu'ils les passent tard, les pièces. Moi, même si c'était bien, y a des moments, je luttais contre le sommeil.

– Oui, moi aussi, j'ai eu des coups de barre. De toute façon, on va dormir maintenant.

Il klaxonne sur un de ses seins et se tourne de son côté, puis éteint.

Ils parlent un peu dans la pénombre.

Elle :

– Celle qui faisait la femme aussi jouait bien. Remarque, des fois, elle était dure.

– Non, ce qu'est bien, c'est le coup du placard. L'autre qu'ouvre la porte, le mec qui sort. Tu te souviens je t'ai dit : « Ça c'est pas mal. »

– Oui, mais enfin la femme, tu vois, finalement elle est peut-être meilleure actrice que les deux autres parce que...

– Non mais le coup du placard, moi ce qui m'a fait marrer c'est que l'autre à peine le mari dehors, elle fonce au placard et hop l'autre qui sort. Seulement t'as vu le mari, pas si con, il était resté derrière la porte. Ah là j'ai dis le coup est bon. Faut l'avouer.

– Non mais remarque c'est vrai, si c'était pas si tard, ça vaut le coup d'avoir la télé.

– ...

– Et puis les décors, avec la couleur, on est obligés de se rendre compte que c'est très bien peint.

Il pète un grand coup et il a comme le fou rire.

– Oh, Robert, t'es dégueulasse, dit-elle mi-choquée, mi-amusée.

Il arrive à caser au milieu de son rire :

– Tiens, attrape celui-là et peins-le en vert.

– T'es dégueulasse !

Il dit :

– Bon, on arrête tout cette fois, on se tait et on dort.

– Oui, bah, je demande pas mieux.

Ils s'enfoncent dans les oreillers. On reste sur eux un moment. Ses épaules à lui sont à nouveau agitées par le fou rire. Noir. C'est fini.

TABLE

DANS LA COLLECTION « ROMANS », « RÉCITS » ET « NOUVELLES »
AU CHERCHE MIDI

NATHALIE BLAISE
Des fleurs dans la tête

VIRGINIE BUISSON
Le Silence des otages

NICOLAS CHARBONNEAU
Deux ou trois fois rien

JEANNE CRESSANGES
Les Ailes d'Isis

PATRICE DELBOURG
Cœur raccord

Lanterne rouge

RAYMOND DEVOS
Les 40e délirants

PIERRE DRACHLINE
Une enfance à perpétuité

L'Enchantée

CHRISTIANE DUPUY
Le Petit-Fils de Lafcadio

L'Employée de maison

JEAN FAYARD
Une enfance en enfer

ALAIN GAGNOL
La Femme patiente

Axel et Joséphine

JEAN GRANGEOT
La Perle rouge

CLAIRE HUYNEN
Marie et le vin
Prix de la Première Œuvre, 1999

Une rencontre

RICHARD JORIF
Qu'est-ce que la mort, Fourrure ?

JEAN-JOSEPH JULAUD
Café grec

FLORENCE JULIARD
L'Enfer à domicile

PIERRE KYRIA
Le Partage des ombres

Pile-poil

Comtesse Lipska

JEAN-HUGUES LIME
Le Roi de Clipperton

CHRISTOPHE MAGER
L'Invasion des femmes grosses

FRANCA MAÏ
Momo qui kills

Jean-Pôl et la môme caoutchouc

THIERRY MARICOURT
Ne me tuez pas

YVES MARTIN
Il faut savoir me remettre à ma place

WALLY MONTAY
Cinabre

INGRID NAOUR
Les Lèvres mortes

Le Syndrome d'Atlas

GÉRARD OBERLÉ
Nil rouge
Prix René-Fallet, 2000

Pera Palas

Palomas Canyon

JEAN ORIZET
La Vie autrement
à l'ombre douce du temps

ALAIN PAGE
Je suis rien

AGNÈS PAVY
Fétiches

CHANTAL PELLETIER
Le Squatt

PIERRE PERRIN
Une mère
Le cri retenu

JEAN-CLAUDE PIROTTE
Mont Afrique

CLAUDE PUJADE-RENAUD
DANIEL ZIMMERMANN
Septuor

GHISLAIN RIPAULT
Exécutions intimes

FRÉDÉRIC ROUX
Le Désir de guerre

BORIS SCHREIBER
Un silence d'environ une demi-heure
Prix Renaudot, 1996
Hors les murs
L'Excavatrice
La Douceur du sang

JOËL SÉRIA
Sombres fantômes

VALÈRE STARASELSKI
Monsieur le Député

FRANÇOIS THIBAUX
Notre-Dame des Ombres
Prix Paul-Léautaud, 1997

JEAN-MAX TIXIER
Le Jardin d'argile
Prix Antigone, 1998

BRICE TORRECILLAS
L'Ombre et le fard

FRANÇOIS VIGNES
La Confrérie des bistroglodytes

VIVIANE VILLAMONT
Une femme irréprochable

DANIEL ZIMMERMANN
L'Anus du monde
Le Gogol
Les Morts du lundi
Les Chats parallèles
suivi de
La Légende de Marc et Jeanne
L'Ultime Maîtresse

AHMED ZITOUNI
Une difficile fin de moi

DANS LA COLLECTION « AILLEURS »
AU CHERCHE MIDI

INDERSIT BADHWAR
La Chambre des parfums
traduit de l'anglais (Inde)
par Gilles Morris-Dumoulin

ANTHONY BURGESS
Le Docteur est malade
traduit de l'anglais
par Jean-Luc Piningre
Mister Raj
traduit de l'anglais par Jean-Luc Piningre

JIM FERGUS
Mille femmes blanches
traduit de l'anglais (États-Unis)
par Jean-Luc Piningre
Prix du Premier Roman étranger

TIBOR FISCHER
Ne lisez pas ce livre si vous êtes stupide
traduit de l'anglais par Marc Amfreville
Voyage au bout de ma chambre
traduit de l'anglais par Marc Amfreville

RON GOULART
Groucho Marx contre Sherlock Holmes
traduit de l'anglais (États-Unis)
par Jérémie Gazeau

GUY DE LA VALDÈNE
Le Beau Revoir
traduit de l'anglais (États-Unis)
par Marie-Christine Loiseau

THOMAS MCGUANE
Intempéries
nouvelles traduites de l'anglais
(États-Unis)
par Nicolas Richard

HAROLD NEBENZAL
Berlin Café
traduit de l'anglais
(États-Unis)
par Gilles Morris-Dumoulin

KATHERINE NEVILLE
Le Huit
traduit de l'anglais
(États-Unis)
par Évelyne Jouve
Le Cercle magique
traduit de l'anglais (États-Unis)
par Gilles Morris-Dumoulin

TOM ROBBINS
Féroces infirmes
retour des pays chauds
traduit de l'anglais
(États-Unis)
par Jean-Luc Piningre

ROBERT JAMES WALLER
Une saison au Texas
traduit de l'anglais
(États-Unis)
par Gilles Morris-Dumoulin

Composition et mise en pages par DV Arts Graphiques à Chartres
Imprimé en France par la Société Nouvelle Firmin-Didot
Dépôt légal : février 2004
N° d'édition : 214 – N° d'impression : 67183
ISBN 2-74910-214-6